James Van Praagh

Em busca da ESPIRITUALIDADE

SEXTANTE

Título original: *Reaching to heaven*

As experiências individuais narradas neste livro são verdadeiras.
Entretanto, os nomes e outros detalhes descritivos foram alterados
para proteger as identidades das pessoas envolvidas.

tradução
Maria Claudia Coelho
Pedro Luiz Vasques Ribeiro

preparo de originais
Regina da Veiga Pereira

revisão
Luis Américo Costa
Masé Sant'Anna
Sérgio Bellinello Soares
Tereza da Rocha

projeto gráfico e diagramação
Valéria Teixeira

capa original
Raul Fernandes

adaptação da capa
Miriam Lerner

impressão e acabamento
Bartira Gráfica e Editora S/A

CIP-BRASIL. CATALOGAÇÃO-NA-FONTE
SINDICATO NACIONAL DOS EDITORES DE LIVROS, RJ

V297b Van Praagh, James
Em busca da espiritualidade / James Van Praagh; [tradução de Maria Claudia Coelho e Pedro Luiz Vasques Ribeiro]. – Rio de Janeiro: Sextante, 2008.

Tradução de: Reaching to heaven
Inclui bibliografia
ISBN 978-85-7542-367-7

1. Espiritualidade. 2. Conduta. I. Título.

CDD 291.4
08-0237 CDU 291.4

GMT Editores Ltda.
Rua Voluntários da Pátria, 45 – Gr. 1.404 – Botafogo
22270-000 – Rio de Janeiro – RJ
Tel.: (21) 2538-4100 – Fax: (21) 2286-9244
E-mail: atendimento@esextante.com.br
www.sextante.com.br

Para Regina, minha mãe

Cujos olhos me mostraram a beleza do céu;
Cujas palavras me ensinaram a linguagem dos anjos;
Cujas canções compartilharam a música dos coros celestiais;
E cujo amor me aproximou do rosto de Deus.

Sumário

Prefácio à Edição Brasileira

Gosto de olhar para o céu todos os dias, agradecendo a Deus por ter me concedido o privilégio de servir à humanidade através do meu trabalho. Vejo-o como um serviço, e a mim mesmo como uma espécie de farol. Sinto que minha missão é tentar iluminar os corações e as mentes, transmitindo a convicção de que não apenas somos eternos, mas cada um de nós é impregnado pela mesma Luz Divina. Essa Luz brilha tão intensamente que o meu desejo é fazer com que todos experimentem e sintam a paz e a alegria extraordinárias que ela transmite. Tenho certeza de que somos perfeitamente capazes de entrar em contato com essa Luz. Basta usar todos os dias uma parcela do nosso tempo para vê-la e captar suas mensagens.

Há alguns anos, registrei minhas experiências em meu primeiro livro, *Conversando com os espíritos*. Depois de sua publicação, fui abençoado com a oportunidade de viajar por muitos países, divulgando o que recebo dos espíritos. Durante minhas viagens, encontrei vários líderes espirituais, médiuns e pessoas que têm o dom de curar, todos eles engajados em comunicar essa Luz Divina. Mas foi depois de doze horas de vôo, há cinco anos, que conheci um país onde pude testemunhar a presença concreta dessa Luz.

Os espíritos têm aberto muitas portas para mim, mas certamente foi no Brasil que tive acesso a uma das experiências mais profundas e gratificantes. Assim que cheguei, a beleza da natureza causou-me um forte impacto, dando-me a sensação de estar em uma terra abençoada. Esse sentimento foi reforçado pela visão dos rostos e do olhar dos brasileiros. Em nenhum outro lugar a expressão "os olhos são a janela da alma" tornou-se tão evidente. No Brasil não tive dificuldade com a barreira da língua, porque as pessoas que encontrei não expressavam a linguagem da boca, mas a voz da alma.

Nos meus encontros com os brasileiros, há uma sintonia imediata, pois eles já estão em busca do autoconhecimento e da consciência do seu eu mais profundo. A forte sensação que tenho, cada vez que visito o Brasil, é de extrema familiaridade com o país e com seu povo. O calor da acolhida me faz sentir absolutamente em casa. Por que acontece isso? Acho que é pelo fato de o povo brasileiro possuir um dom que se faz cada vez mais raro neste mundo: a FÉ. A sabedoria dos brasileiros não vem dos livros, mas das lições aprendidas com o coração, pois é um povo que capta a realidade sobretudo através do afeto, e é capaz de enfrentar as adversidades com extrema coragem e desejo de crescimento.

Vocês, brasileiros, são grandes professores, e sua matéria principal é a condição humana. Voltei várias vezes ao Brasil, e falei deste país e de seu povo por todas as partes onde andei. As pessoas que trouxe comigo, em excursões espirituais, voltaram transformadas. Foram tocadas pela beleza da natureza e pela riqueza dos corações.

Quero agradecer-lhes profundamente por terem aberto seus braços e corações para mim. As cartas que recebo, confirmando o trabalho dos espíritos, são de grande importância. Vocês sabem muito bem como é difícil abrir a mente fechada dos que têm carência espiritual. Mas eu acredito que se cada um de nós fizer a sua parte, promovendo a descoberta da Luz Divina para o maior número de pessoas em nossos países, o planeta em que vivemos será iluminado e teremos construído a verdadeira PAZ NA TERRA.

James Van Praagh
Março 1999

Prefácio

Comecei a minha jornada espiritual no início dos anos oitenta, e naquela época eu não tinha idéia do que aprenderia ou de como poderia usar na minha vida cotidiana as percepções recém-descobertas. Eu nunca pensara em mudar-me para Los Angeles, nem planejara ter uma missão de médium. Mas, quando a porta para os reinos espirituais se abriu e eu a cruzei, senti que o universo me convocara para o meu destino. Logo percebi que meu dom mediúnico devia ser usado para servir aos outros. Com o conhecimento e a compreensão de que na hora da morte temos o retorno dos nossos pensamentos e ações terrenos, sabia que vidas poderiam ser mudadas para sempre. Eu estava determinado a cruzar o abismo entre os mundos físico e espiritual, compartilhando o conhecimento que havia recebido sobre uma existência espiritual maior. Achava que se as pessoas pudessem aprender com aqueles que estão do outro lado e despertassem para a bondade, tratando a si mesmas e umas às outras com dignidade e respeito enquanto estivessem na Terra, a humanidade seria aliviada de muitos sofrimentos.

Fui abençoado no meu trabalho porque a capacidade de curar as pessoas e de despertá-las para verdades superiores compensa qualquer sacrifício. Eu realmente acredito que, à medida que cada um de nós se abre para a sua natureza espiritual, nossas atitudes preconceituosas e impensadas podem se transformar em gestos de amor e respeito mútuo. Em vez de nos opormos uns aos outros, podemos compreender nossas diferenças sabendo que somos seres espirituais compartilhando uma experiência física comum.

A iluminação espiritual não pode ser alcançada assistindo a aulas, ou mesmo lendo um livro. Cada alma chega à sua própria verdade de uma maneira única e pessoal, e no momento apropriado. Podemos nos renovar permanentemente. Cada amanhecer é uma oportunidade nova para identificar nossos desejos, descobrir, crescer, aprender e servir.

Todos os dias somos presenteados com a chance de compreender melhor os outros, ter novas idéias e viver situações diversas. À medida que participamos da riqueza dessas experiências, avançamos nos vários ciclos da vida entendendo mais profundamente o sentido do sofrimento nos dias que passaram e antecipando com mais consciência nossos amanhãs.

Escrevi este livro como uma continuação do meu primeiro livro, *Conversando com os espíritos*. Como não faço mais sessões ou aconselhamentos individuais, projetei este livro para que fosse usado como uma ferramenta por todos – para aqueles que já estão no caminho espiritual e para os que ainda não têm familiaridade com idéias espirituais. Para os que já estão seguindo um caminho espiritual, o livro vai oferecer algumas referências e mensagens renovadoras úteis. Para os que estão começando a se aventurar neste mundo desconhecido, espero que ele possa ajudar seus corações e mentes a se abrirem para as oportunidades da vida eterna, como foram anunciadas por aqueles que, estando do outro lado, quiseram compartilhar conosco suas profundas intuições e amor.

I

No Início

"De onde eu vim?" Quantas vezes você pensou sobre a sua existência? Já encontrou uma explicação satisfatória para a sua indagação? Durante eras, filósofos, cientistas, eruditos e mestres religiosos tentaram dar respostas ao mistério da existência. Hoje, muitos buscam essas respostas em igrejas, sinagogas e mesquitas, confiando que sacerdotes, ministros e rabinos fornecerão essas revelações.

No entanto, acredito que dentro de cada um de nós estejam as respostas, naquela parte invisível e indefinida que é chamada de alma. A alma é nosso núcleo espiritual, a fagulha divina interior que sempre existiu, existe e existirá. Ela viajou por todos os confins do universo, através de todas as eras do tempo, gravando dentro de si as lições de uma existência infindável.

Infelizmente, poucos sabem como penetrar nessa luz que arde de maneira tão brilhante dentro de nós. Como é possível que tenhamos esquecido algo tão profundo? Para que possamos nos reconectar com nossa verdadeira personalidade, precisamos escapar do labirinto de expectativas externas; precisamos nos voltar para dentro e escutar a voz de Deus – essa voz que, quando é compreendida completamente, dá significado à vida. Precisamos recuperar nosso "senso da alma".

Tendo isso em mente, escrevi este livro como uma espécie de "retrato" da alma em sua viagem pela vida, morte e renascimento. Na primeira parte, explico o que significa ser espiritual, ser uma alma vivendo uma existência física, e como a mente cria as suas experiências. Vamos examinar as várias camadas da alma e como elas contêm um registro de todas as nossas existências através do tempo. A jornada continua através do processo da morte. Vou explicar o que acontece quando você morre, para onde vai a sua alma e os níveis de existência que você pode encontrar no mundo espiritual, que variam de acordo com cada indivíduo. Quero mostrar que a morte é indolor e natural, e que não há nada a temer.

Quando fazemos a passagem, somos saudados pelos entes queridos e guias espirituais que estiveram conosco em muitas jornadas. No mundo espiritual, cada alma escolhe o que quer experimentar. Quando alcançam a plenitude dos seus sonhos e desejos, e são motivadas pela alegria e inspiração dos reinos superiores, as almas tomam a decisão de voltar à Terra novamente. No nascimento, não entramos no mundo físico de mãos vazias: trazemos a sabedoria da eternidade dentro da memória da nossa alma. Também não voltamos sozinhos: espíritos celestiais estão sempre por perto.

As mensagens dos espíritos na segunda parte do livro têm a intenção de encorajar-nos a identificar os aspectos da nossa personalidade que nos mantêm presos a ilusões terrenas, inconscientes da nossa conexão com a divindade interior. Como vamos ver, os bloqueios emocionais prejudicam o crescimento espiritual e tornam nossa jornada pela vida mais difícil. Lendo sobre as provações e aflições dos outros, poderemos descobrir os conflitos internos que nos impedem de abraçar plenamente a vida. Talvez os conselhos dos que estão no outro lado ajudem a aliviar nossos medos e nos estimulem a curar as cicatrizes emocionais.

Na parte final do livro, proponho maneiras de ajudá-los a assumir o controle sobre sua jornada pela vida. Existem meditações para atingir a clareza da mente e recomendações para cultivar valores espirituais em crianças, preparando-nos para lidar com os altos e baixos da vida. Finalmente, ofereço as chaves capazes de abrir a porta para nossa identidade espiritual, levando-nos a descobrir quem somos.

À medida que restabelecemos contato com nossas almas, nossas prioridades em relação à vida podem mudar. Vamos aprender, como eu aprendi, que todas as respostas estão dentro de nós, simplesmente esperando para serem reveladas. E, quando abrimos a porta para o infinito, vamos descobrir que estamos interconectados nesta tapeçaria chamada vida. Através do ciclo de vida, morte e renascimento, aprendemos quem somos e por que estamos aqui.

Abrindo a Porta

Quando vamos viajar para outro país, precisamos nos preparar, tomando várias providências. Da mesma maneira, você precisa se preparar para a jornada da sua alma. O primeiro passo é separar-se do mundo externo feito de julgamentos e racionalizações, para entrar em contato com o mundo interior da consciência.

Mas como fazer isso, se estamos sendo constantemente bombardeados por estímulos externos? Diariamente, ouvimos notícias sobre o que se passa no mundo, e nos preocupamos com inúmeros problemas. Estamos tão ocupados lutando com os desafios que a vida cotidiana nos apresenta que não temos o tempo necessário para aquietar nossas mentes e reconhecer o fato de que somos todos espíritos caminhando em direção à luz.

Para começar a jornada, você precisa sintonizar-se com seu mundo interior. A visualização a seguir vai ajudar a fazer isso. Depois de ler os próximos parágrafos, deixe o livro de lado e visualize o seu conteúdo. A melhor maneira é fechando os olhos, para evitar as distrações externas e para concentrar-se internamente.

Meditação

Feche os olhos e entre em contato com tudo o que está acontecendo ao seu redor. Tente não deixar as distrações externas incomodarem você. Não precisa julgá-las; simplesmente deixe que elas sejam o que são. Agora, volte sua consciência para o seu corpo. Sinta suas costas contra a cadeira e esteja consciente dos seus braços, pernas e tronco. Concentre-se em cada parte do seu corpo. Note a sensação dos seus pés no chão ou em seus sapatos. Esteja consciente da sensação de suas roupas no corpo. Alguma coisa está apertada demais? Simplesmente observe; não tente consertar. Simplesmente deixe estar.

Agora respire fundo e lentamente expire. Fique consciente da sua respiração. À medida que inspira, perceba que está trazendo para o interior do corpo o oxigênio necessário para que o corpo físico mantenha a vida neste planeta. Moléculas de oxigênio nos cercam o tempo todo. Quando inspirar o oxigênio para dentro dos pulmões, imagine que essas moléculas estão revigorando cada parte do seu corpo. Ao expirar, veja o ar velho e estagnado deixando o seu corpo. A missão desse ar foi cumprida e ele não é mais necessário. Na próxima vez que inspirar oxigênio, veja-o como energia. Imagine essa energia como uma poeira luminosa ou qualquer outra imagem que ajude a dar vida à energia. Concentre-se na imagem da energia, sinta-a correndo dentro e fora do seu corpo.

Enquanto continua a visualizar a energia, imagine que ela está presente em todas as formas de vida em todas as regiões do mundo – em uma mãe segurando seu bebê na África, em um padre rezando no Vaticano, ou em um milhão de formigas construindo uma colônia subterrânea sob a sua casa. A energia abarca todas as coisas. Você é uma parte dessa energia e forma uma unidade com todas as coisas, por mais diferente que pense que é. Você não pode ver o oxigênio, que é a energia da vida, mas ele está em todas as partes ao mesmo tempo.

Continue a ler este livro, procurando ficar consciente de que todos partilhamos a mesma fonte. Ao realizar este simples exercício, você começa a concentrar sua mente no conceito de ser um com o todo. A energia que o cerca e que se encontra no interior do seu corpo é uma parte vital da sua vida e sua conexão espiritual com tudo e com todos.

II

Despertando Sua Mente

Tudo é energia. A ciência descreve a energia e o modo como ela trabalha em termos físicos, com base em elementos terrenos: o modo como combinações específicas de átomos se agrupam. É em um nível mais alto – na dimensão espiritual – que encontramos a força que mantém os átomos juntos. Esta energia é aquilo que eu chamo de energia da Força de Deus.

Todo o universo é permeado por esta energia da Força de Deus. É disto que somos feitos e é daí que viemos.

> A energia da Força de Deus é
> o centro de tudo o que existe.

A mente, o espírito e o corpo físico são compostos da mesma energia da Força de Deus; entretanto, cada um deles vibra em uma freqüência diferente. Quando me perguntam se a mente é uma parte do cérebro, respondo que o cérebro é o órgão da mente, assim como os olhos são o órgão da visão. A visão depende da saúde dos olhos, e o mesmo pode ser dito sobre a mente e o cérebro. O cérebro está em permanente evolução; depende de cada um de nós desenvolver e aumentar o seu poder. A mente já é perfeita.

A mente parece ser a janela para a própria natureza. Ela pode criar, imaginar e raciocinar. Quando aproveitamos a energia positiva da mente, os resultados são simplesmente inacreditáveis. A mente está ligada à energia da Força de Deus que cerca todas as coisas. Mozart ouvia a música em sua mente e utilizava o cérebro para escrever as notas. O cérebro era o meio através do qual ele podia compor, mas era sua mente que criava aquele esplendor musical.

Ao compreender que o cérebro não é a fonte das idéias, mas sim a mente, precisamos entender também que cada mente individual está ligada à Mente Universal e compartilha de sua substância.

Para entender melhor o que chamo de Mente Universal, vamos visualizá-la como um enorme lago translúcido. Penso na mente individual como um peixe nadando neste lago. O peixe depende do ambiente em que habita e é afetado por ele. Os pensamentos são como ondulações na água. Cada ondulação origina-se no lago e é parte da água, mas cada uma delas é também singular e individual. Cada ondulação afeta cada peixe, e assim afeta também o lago inteiro.

A Mente Universal não conhece fronteiras ou limites, e qualquer pessoa pode usá-la. Já lhe aconteceu de estar assistindo a um programa de televisão e pensar "Eu tive esta idéia há um ano"? É muito freqüente as pessoas terem a mesma idéia ou projeto, independentemente umas das outras. Por quê? Porque a pessoa criativa ligou-se à Mente Universal e puxou para sua mente individual aquela inspiração em particular. As idéias são apenas sensações impressas profundamente em nós. Uma vez percebidas, podemos agir. Em outras palavras, nossos impulsos criativos são vibrações da Mente Universal.

Quando vim para Los Angeles, meu objetivo era escrever para cinema e televisão. Um dia acordei com uma idéia incrível para um roteiro. Achei que era uma idéia tão original que não a contei para ninguém. Terminei o roteiro e o mandei para vários estúdios. Recebi a mesma resposta de todos: havia três outros roteiros cuja idéia básica era igual à minha. Fiquei arrasado. Minha idéia especial que eu tinha me esforçado tanto para esconder havia surgido também na mente de três completos estranhos.

Este surgimento uníssono de idéias é tão genuíno quanto o ar que respiramos ou o calor do sol que sentimos. Em um nível global, todos compartilhamos as emoções ou sensações uns dos outros. Assim como o mesmo sol brilha para todas as pessoas, compartilhamos todos uma condição comum. Compartilhamos os sentidos: sentimos, vemos, ouvimos, tocamos, rimos e choramos. Compartilhamos a energia da Força de Deus. O mundo seria certamente um lugar melhor se pudéssemos pensar em todas as pessoas como seres espirituais, e se compartilhássemos com bondade e solidariedade nossos caminhos terrenos.

Os Pensamentos que Criamos

Os pensamentos são coisas! Os pensamentos são tão reais quanto os órgãos do corpo. Que tipos de pensamentos ocupam seu dia? São pensamentos amistosos ou agressivos? Os pensamentos são poderosos, e por isso é importante prestar atenção naquilo que pensamos. Nossa vida cotidiana é resultado daquilo que pensamos.

Há basicamente três fontes de pensamento. O primeiro é o pensamento através das orações ou da meditação. A vibração desses pensamentos energéticos é muito alta. O primeiro passo para sintonizar sua consciência nesta freqüência mais alta de energia é habituar-se a reservar algum tempo, todo dia, para orar e meditar. Tenha paciência e persistência: embora muitas vezes pareça que nada está acontecendo, com o tempo você descobrirá que a recompensa pela prática espiritual é grande. Acredito que ganhar consciência neste nível cria um sentimento de humildade, tranqüilidade, amor-próprio e alegria.

Durante os anos em que treinei para me tornar um médium, era necessário meditar diariamente. Alinhando-me com a consciência da Força de Deus, minha conexão com as dimensões espirituais aumentou e intensificou sua vibração. Tive que sentar-me pacientemente, dia após dia, silenciosamente, para elevar o nível de consciência da energia da Força de Deus dentro de mim. Então, nas sessões com meus clientes, passei a trabalhar em uma vibração amorosa muito alta. A mediunidade é, em si mesma, uma capacidade incrível e milagrosa, mas o trabalho ganha uma dimensão inteiramente nova quando o médium está se desenvolvendo também em um nível espiritual.

O Semelhante Atrai o Semelhante

Este é um conceito que uso com freqüência e ao qual vou me referir várias vezes neste livro. Quando uma pessoa está centrada e tem pensamentos de amor, paz e plenitude, ela receberá de volta as experiências desses pensamentos. Pare por um momento e imagine como seria se todas as pessoas no mundo tivessem bons pensamentos. Seria fantástico, não é?

Na qualidade de médium seguindo um caminho espiritual, é da maior importância que eu me dedique à meditação e concentre meus pensamentos nos aspectos positivos da vida. Acredito que é por esta razão que as mensagens que chegam por meu intermédio são de natureza mais espiritual e mais precisas, e que os ensinamentos que vêm desta comunicação são mais benéficos para todos os envolvidos.

A segunda categoria de pensamento vem do nosso meio ambiente. É preciso estar consciente da grande influência que o meio ambiente exerce na vida cotidiana. Quantas vezes entramos em um local e sentimos que alguma coisa está errada? Ou quantas vezes nos sentimos deprimidos ou mesmo doentes sem qualquer razão aparente? Isto acontece porque estamos captando a energia do pensamento de outra pessoa.

Sempre que visito pessoas em hospitais, preciso ter cuidado, porque sou muito sensível aos sentimentos e sensações dos outros. Quando passo pelos corredores de um hospital, muitas vezes os gritos dos pacientes penetram em minha mente: "Quero sair daqui", ou "Não quero morrer", ou "Estou sofrendo, alguém me ajude, por favor". A sensação de doença e sofrimento permeia a atmosfera e me atinge intensamente.

Assim como uma estação de rádio, estamos continuamente enviando e recebendo sinais. Embora alguns destes pensamentos sejam bons e positivos, em sua maioria são mensagens de cobiça, raiva, egoísmo e desonestidade. Estes pensamentos estão ligados e são atraídos pelas partes mais baixas de nossa natureza. Com o constante bombardeio dessas influências, as idéias ligadas a uma natureza espiritual mais elevada passam a ter um apelo muito menor.

Isto não significa necessariamente que todos os pensamentos recebidos das outras pessoas sejam de natureza negativa. As mensagens solidárias e o amor, que são vibrações do pensamento mais elevado, também estão presentes na atmosfera que nos cerca. Quando enviamos amor, alguém o recebe. Este amor talvez não possa ser detectado em um nível consciente, mas ainda assim está vivo e produz um efeito positivo.

O grupo final consiste em nossos pensamentos mais comuns e cotidianos. Desde Sigmund Freud, os psiquiatras e psicólogos dividiram a consciência em três níveis de pensamento, separados, porém interdependentes: o consciente, o subconsciente e o inconsciente. A mente consciente é aquela que usamos para conferir o troco no supermercado e para ler um livro. A mente subconsciente controla todos os processos involuntários do corpo, isto é, regula o sono, a respiração, a digestão, a circulação, etc. O subconsciente nunca dorme e portanto nunca pára. A mente inconsciente é vasta e invisível. Ela é o depósito de todas as nossas experiências passadas, incluindo tudo o que já pensamos, sentimos, aprendemos ou testemunhamos, do passado até hoje.

Entretanto, é a mente subconsciente que governa nossas vidas a maior parte do tempo. Esta parte da mente trabalha incansavelmente registrando pensamentos e impressões, de modo indiscriminado. Nas crianças, a mente subconsciente registra as palavras e idéias dos adultos que as cercam, e estas memórias permanecem vivas na idade adulta. Os hábitos, entre outras coisas, emergem dos pensamentos subconscientes. Para mantermos controle sobre nossa vida, precisamos dominar o modo como pensamos, tanto consciente quanto subconscientemente. Há muita sabedoria na mente subconsciente. Trabalhada, ela pode ser de enorme proveito e servir como um reservatório infinito de conhecimentos.

Utilizada de modo positivo, a mente humana é uma fonte de obras de arte, filosofia e ciência que melhoram efetivamente a qualidade de vida no planeta. Mas esta mesma mente que cria maravilhas tem também a capacidade de destruir e aniquilar. Ela pode impor formas terríveis de crueldade e ódio. Elevar os pensamentos à freqüência mais alta é uma dívida que temos conosco, para podermos evoluir para uma consciência capaz de transmitir o esplendor e os milagres da vida para as gerações futuras.

III

Conhecendo a Si Mesmo

Para começar, quero apresentar algumas expressões da linguagem da terra dos espíritos, os vários "corpos do ser humano" que fazem de cada um de nós uma pessoa única. Esses corpos são camadas invisíveis do espectro da alma e estão reunidos na "aura". A aura pode ser entendida como um mapa das nossas energias e experiências espirituais, emocionais, mentais e físicas. Ela é talvez a mais fiel manifestação da festa da alma.

A Aura

Quando eu tinha seis ou sete anos, contei à minha mãe que eu via *luzes* em volta das pessoas. Como eu não sabia o que eram aquelas luzes, pensava que todo mundo podia vê-las. Elas tinham muitas cores: azul, rosa, verde, amarelo, vermelho, etc. Eu adorava fazer compras com minha mãe em uma determinada loja, porque o balconista estava sempre cercado por lindas luzes coloridas. Eu ficava parado, olhando aquele arco-íris lindo de azuis misturados com roxos e rosa que o cercava. Ele tinha um sorriso largo e estava sempre contando piadas aos fregueses.

Tive experiências semelhantes quando parentes ou amigos da família vinham nos visitar. Eu ficava olhando as cores e as luzes em volta de todo mundo, e dizia coisas do tipo "este homem é verde", ou "tem um monte de luzes marrons em volta dessa senhora". A senhora das luzes marrons não sorria muito, e mais tarde minha mãe me contou que ela estava muito doente.

À medida que fui crescendo, minha capacidade de ver luzes à volta das pessoas desapareceu aos poucos e passei a vê-las apenas eventualmente. Mas houve uma ocasião que nunca vou esquecer. Eu tinha mais ou menos oito anos e fui com alguns amigos à lanchonete. Ao sair, um homem alto esbarrou em mim. Olhei para cima e percebi uma nuvem sombria, cinzenta e negra à volta de sua cabeça e na frente do seu peito. Três dias depois, soube que o homem tinha sido preso por assaltar a lanchonete! Esta notícia me deixou muito assustado. Entretanto, levei ainda muito tempo para entender o que significavam aquelas luzes.

A aura é composta de camadas de energia que têm um propósito: registrar todas as nossas experiências, sentimentos, pensamentos e desejos.

Essa idéia da aura, ou energia vital que emana do corpo e o cerca, não é nova. Um dos primeiros ocidentais a observá-la e escrever sobre ela foi um alquimista e médico do século XVI, chamado Paracelso. Ele se referia ao nosso campo energético como "um globo flamejante". No correr dos séculos seguintes, outras observações e estudos foram realizados. Minha própria capacidade de perceber auras permaneceu adormecida até a idade de vinte e poucos anos. Foi nesta época que comecei a meditar e a desenvolver uma consciência interior, bem como uma empatia com os sentimentos e sensações alheios. Após anos de disciplina, minha capacidade de perceber auras aumentou tremendamente. Hoje, esta capacidade continua a desempenhar um papel muito importante no trabalho que realizo.

Quando faço demonstrações, em geral vejo um vasto conjunto de cores e luzes. A cor e a intensidade das luzes variam de indivíduo para indivíduo e de acordo com as diferentes partes do corpo. Quando, por exemplo, vejo um acúmulo de cor cinza ou marrom-escura e opaca próximo ao estômago, pergunto se há problemas nesta área, e em geral a pessoa responde que sim. Ao longo dos meus anos de estudo e observação, aprendi que a aura é uma projeção – ou espelho – muito precisa de diversos aspectos da saúde.

Mas a aura reflete muito mais do que o estado físico. Na verdade, ela é uma representação do caráter inato e uma indicação do potencial, bem como um registro das experiências. Quando se atinge a idade adulta, a aura já passou por muitos anos de experiências emocionais, mentais, espirituais e físicas. Capacidades, desejos, gostos, aversões, sentimentos de sucesso ou de fracasso, bem como acontecimentos extraordinários, momentos preocupantes ou tristes, tudo isto forma a aura.

O tamanho e a forma da aura dependem também de inúmeros outros fatores. Normalmente, a aura tem uma forma oval e se estende para além do corpo físico em aproximadamente 30 a 45 centímetros. A aura de uma pessoa de natureza extrovertida e expansiva tende a ser maior. Por exemplo, quando uma pessoa fala para um grupo grande, e tenta atingir a todos ou trazê-los à própria consciência, sua aura expande-se para abranger a audiência. É o que ocorre com políticos, pregadores, músicos, atores e oradores, que precisam estabelecer uma conexão com suas platéias. O efeito oposto ocorre com uma pessoa introvertida ou tímida. A aura não se expande; ao contrário, ela permanece próxima ao corpo físico. A aura também se expande e cresce quando estamos em um ambiente que nos agrada. Além disso, já vi a aura de uma pessoa no momento imediatamente anterior à sua morte, e ela tende a ser tênue, como uma linha desenhada em torno do corpo. Isto faz sentido, porque no momento da morte física a aura se retira.

Vidas Passadas e Memórias

Quando observo uma aura, percebo também que ela tende a ser composta de pequenos padrões e desenhos geométricos. Esses padrões podem ser interpretados como formas de pensamento e refletem os pensamentos da pessoa, atuais ou passados. Em outras palavras, as cicatrizes emocionais da pessoa estão refletidas nos desenhos de sua aura, juntamente com seus desejos ainda não realizados.

Além disso, a aura corporifica a acumulação do carma de encarnações anteriores e as lições cármicas que tentaremos aprender durante a vida atual. Essas coisas compõem a verdadeira essência de uma pessoa.

Em uma de minhas odisséias espirituais, vi claramente de que modo as vidas passadas se refletem na aura. Participei de um workshop ministrado pelo conceituado psiquiatra Dr. Brian Weiss, autor de *Muitas vidas, muitos mestres*. Com seu trabalho de regressão a vidas passadas, através da hipnose, ele vem ajudando inúmeras pessoas. Em uma determinada regressão, eu era um general que ordenava a meus soldados que matassem milhares de homens. À medida que as cenas se desenrolavam em minha mente, soube instintivamente por que eu estava aqui na vida atual: tinha que aliviar o carma daquela vida passada, pagando minha dívida cármica. Ao ajudar as pessoas a recuperarem sua espiritualidade, estou aqui para corrigir um erro, para alcançar meu equilíbrio cármico, curar minha alma e avançar em meu caminho espiritual.

Influências Ambientais

A aura também pode refletir forças externas, positivas e negativas, que nos afetam. Praticamente todo mundo já teve a experiência de encontrar uma pessoa e sentir uma empatia imediata ou uma profunda aversão. Por que isto acontece? Na maioria dos casos, sintonizamos o campo de energia da pessoa e recebemos algum tipo de emanação energética. O resultado é ficarmos em harmonia ou em desarmonia com essas emanações.

Uma igreja ou um local de oração geralmente nos enche de sentimentos de paz e conforto. Isto provavelmente ocorre porque estamos captando os sentimentos amorosos e espirituais das pessoas que oraram ali. Inversamente, podemos entrar em uma sala ou em uma casa e ter instantaneamente uma sensação desagradável sem qualquer razão aparente, para em seguida descobrir que houve uma briga ou discussão antes da nossa chegada. Novamente algo aconteceu, e a aura "recolheu" a energia que permaneceu no local.

> A atmosfera mental que nos rodeia é afetada
> não apenas pelos pensamentos e sentimentos
> que criamos, mas também pelos pensamentos
> e sentimentos daqueles à nossa volta.

Esta idéia é muito importante. Todos os dias passamos por inúmeros pensamentos invisíveis, mas poderosos, que exercem um efeito definitivo sobre o estado físico de nossos corpos. Por isso, preste atenção nas pessoas com quem você costuma estar.

Muitas vezes, a personalidade de uma pessoa é tão poderosa que, dependendo do nosso nível emocional, mental, físico ou espiritual (principalmente se um ou mais deles estiver fraco), essa energia invade nosso espaço eletromagnético. Felizmente, nascemos com uma espécie de mecanismo de defesa do campo da aura para impedir a entrada dos padrões de energia e dos pensamentos alheios. Na última seção deste livro, descrevo como proteger-se desses pensamentos e emoções que nos cercam.

Também é muito importante compreender que os vivos não detêm o monopólio da atmosfera. Seres desencarnados, ou espíritos, também nos afetam e deixam seus pensamentos em nossa aura. É por isso que muitas vezes, durante o dia, subitamente e sem qualquer razão aparente, começamos a pensar em alguém querido que já faleceu. É mais do que provável que esta pessoa esteja tentando influenciar ou imprimir sua personalidade e pensamentos em nosso campo eletromagnético.

Os Corpos do Homem

A aura é composta por camadas e compartimentos complexos demais para serem detalhadamente descritos aqui. Os principais correspondem a quatro "corpos" distintos, que se interpenetram e que os metafísicos acreditam ser os componentes dos seres humanos.

Essas diversas camadas são conhecidas como: o corpo etéreo, que lida diretamente com os processos físicos; o corpo astral, no qual residem os processos emocionais; o corpo mental, onde ocorre qualquer tipo de pensamento, inclusive o pensamento psíquico e intuitivo; e o corpo físico.

O Corpo Etéreo

O corpo etéreo também é conhecido como *corpo duplo*, porque ele se duplica, assumindo a forma do nosso corpo físico. O corpo etéreo é formado por uma matriz de energia que interpenetra o corpo físico em diversos pontos. Esses pontos, ou vórtices de energia, são conhecidos como *chakras*. Através desses chakras, a energia da Força de Deus penetra no corpo físico para alimentar vários órgãos físicos e o sistema nervoso. Quando nossos chakras estão saudáveis, eles aparecem no corpo etéreo como círculos de cores luminosas em rotação.

Deste modo, a saúde física do indivíduo pode ser observada no corpo etéreo através dos chakras.

Há três anos, um homem de 38 anos me procurou para uma sessão particular. Seu nome era Bob. Após minha apresentação costumeira, peguei um bloco e comecei a desenhar seu corpo etéreo para determinar sua condição física. Desenhei inicialmente uma figura ereta. Em seguida, guiada pela minha intuição, a caneta começou a mover-se lentamente para cima e para baixo da imagem, mas, quando cheguei à metade inferior do tronco, parou de mover-se. A energia de Bob parecia tornar-se nebulosa e escura naquele ponto, como se literalmente parasse de fluir. Disse-lhe imediatamente: "Parece que você tem algum tipo de problema na área ao redor do seu intestino grosso." Disse-lhe que sentia que sua energia havia sido cortada. Ele me contou que havia dois anos tivera que tirar uma parte do cólon e atualmente usava uma bolsa. Embora sua saúde tivesse melhorado, ele ainda se preocupava e se atormentava. Expliquei-lhe que essa preocupação contínua estava causando uma nova obstrução no seu fluxo de energia.

Pensamentos obsessivos e emoções não-expressas acabam se manifestando no corpo físico. Em outras palavras, o que pensamos e como nos sentimos materializam-se de algum modo, como saúde ou doença, no corpo físico. Por isso é tão importante manter os pensamentos saudáveis, para que os corpos também permaneçam saudáveis.

O Corpo Astral

O corpo astral também é conhecido como corpo emocional. Este corpo é feito de um material etéreo tridimensional e, depois do corpo físico, é o de maior densidade. O corpo astral é, na verdade, uma réplica perfeita do corpo físico e estende-se além dele de 12 a 20 centímetros.

O corpo astral é composto por todos os pensamentos, emoções e desejos da mente. Todos os anseios terrenos, lembranças importantes e desejos fundamentais residem no corpo astral. Na morte, este corpo deixa o mundo físico e passa a habitar o mundo astral.

Muitas vezes digo às pessoas que vão a meus seminários: "Por que vocês têm tanto medo da morte? Vocês morrem todas as noites!" A verdade é que, quando dormimos, o corpo astral deixa o corpo físico e viaja para o mundo astral. Assim, quando digo que "vocês morrem todas as noites", quero dizer que deixamos nossos corpos físicos, de modo muito semelhante ao que ocorrerá na hora de nossa morte. Da mesma maneira, o corpo astral deixa espontaneamente o corpo físico em situações que envolvem acidentes, sob a influência de drogas, ou no estado de coma. Quando uma pessoa está inconsciente, é muito provável que esteja flutuando pelo mundo astral.

O Corpo Mental

Assim como o corpo astral diz respeito às emoções da pessoa, o corpo mental diz respeito a seus pensamentos. O corpo mental é composto de uma substância etérea ainda mais leve do que a do corpo astral e estende-se para fora do corpo, acima da linha do quadril.

O corpo mental é tido como o responsável pela transferência das energias mentais elevadas, excessivamente refinadas para os outros corpos. Estas energias são de uma natureza espiritual sublime e são transferidas por meio do corpo mental sob a forma de informação psíquica, como inspirações, sensações profundas e pressentimentos.

Acredito que um indivíduo considerado um gênio, ou alguém muito inteligente, é uma pessoa cujo corpo mental evoluiu durante várias vidas, através de experiências e consciência. Cientistas, filósofos e intelectuais estão entre aqueles que aparentemente têm a capacidade de contactar o corpo mental de formas extraordinárias e benéficas para a humanidade.

Lembre-se de que existimos ao mesmo tempo nos corpos emocional, mental e espiritual, enquanto viajamos através da vida em nossas identidades físicas. Estes corpos se misturam e dependem uns dos outros, fazendo de nós seres completos. Quando começamos a entender a totalidade daquilo que somos, torna-se mais fácil compreender que, na morte, tudo o que fazemos é deixar nossos vários corpos para atingir planos mais altos, conforme veremos nos próximos capítulos.

IV

A Morte — o Caminho para Casa

"O que acontece exatamente na hora da morte?" Esta foi a pergunta que ouvi com maior freqüência ao longo dos meus muitos anos de trabalho como médium. Infelizmente, não posso dar uma resposta definitiva, porque a experiência da morte é tão individual quanto a experiência da vida. E, embora os espíritos tenham muitas vezes tentado responder a esta indagação de modo satisfatório, a explicação da morte excede em muito o vocabulário limitado e a inteligência finita de que dispomos. Mesmo o melhor dos médiuns não pode fazer mais do que ter esperança de descrever com precisão todos os sentimentos que um espírito deseja expressar acerca do processo da morte. Podemos apenas imaginar, ler e teorizar sobre aquilo que realmente ocorre, mas nunca saberemos o que a morte é de fato, até que a vivenciemos nós mesmos.

Enquanto escrevo este capítulo, anos de sessões me vêm à mente, e posso recordar-me de detalhes específicos de centenas de espíritos dos que já faleceram. É o acúmulo dessas percepções, combinado com as informações que obtive de inúmeros livros, artigos e diversos materiais internacionais sobre o assunto, que compartilho aqui. É o exame mais honesto e objetivo que posso oferecer sobre a experiência da morte.

O Medo de Morrer

Por que as pessoas têm tanto medo da morte? A resposta é simples. Trata-se de uma experiência desconhecida. Recentemente, contudo, houve muitas pessoas que passaram por aquilo que é conhecido como "experiência de quase-morte" e contaram suas impressões. Já há vários bons livros sobre este assunto, em especial *A vida após a vida*, do Dr. Raymond Moody, e *A roda da vida*, de Elisabeth Kübler-Ross. Os detalhes das experiências de quase-morte narradas nestes livros, tais como *passar por um túnel*, *ser acolhido por um ente querido*, *ver uma luz brilhante*, ou *encontrar um ser espiritual*, são todos muito semelhantes ao quadro pintado pelos espíritos com quem tive contato em minhas sessões. O sentimento predominante nas experiências de quase-morte é a placidez, a sensação de que a morte não é "o fim".

O que acontece quando morremos? A percepção mais importante já registrada junto aos que faleceram é a seguinte:

> Na morte ganhamos consciência de que somos
> mais do que apenas nossos corpos físicos.

Muitos espíritos disseram por meu intermédio que a morte em si é fácil; o difícil é morrer. Qualquer pessoa com uma doença terrível pode sofrer intensamente, à medida que a doença corrói os vários órgãos do receptáculo físico. Lentamente o sopro da vida esvai-se do corpo. Este processo pode ser muito doloroso. Mas, quando a morte chega, *não há mais* dor ou desconforto.

O Processo

Os espíritos costumam descrever como se sentiram à vontade na hora da morte e como, em alguns casos, nem mesmo perceberam que haviam morrido. Realizei uma sessão com uma moça e sua mãe, que estava morrendo de câncer. A jovem queria tranqüilizar a mãe, que temia o momento da morte. Vários espíritos, inclusive o do segundo marido, vieram confortá-la, dizendo: "Não se preocupe. Quando chegar a hora, será tudo muito natural." A mãe morreu três semanas depois, durante o sono. Alguns meses mais tarde, a filha voltou para realizar outra sessão. Sua mãe apareceu e estava extremamente grata por a termos ajudado a perceber que a morte seria daquela forma. Ela disse: "Foi exatamente como todo mundo descreveu – muito fácil e tranqüilo."

A Morte Natural

As pessoas que morrem de causas naturais, ou de uma doença na qual têm consciência de que a morte se aproxima, passam por transições típicas. Alguns dias antes da morte, sua consciência começa lentamente a expandir-se. Vivenciam uma espécie de "aguçamento" dos sentidos, principalmente a audição e a visão. Muitas relataram terem passado por um flashback, durante o qual puderam compreender plenamente a razão de cada experiência vivida. O espírito torna-se profundamente consciente de suas ações e muito sensível à forma como tratava as outras pessoas. Reconhece imediatamente a forma "certa" pela qual poderia ter agido. Felizmente, vê igualmente o bem que fez aos outros. Esta revisão de vida ocorre em questão de segundos.

É também nesse momento que as pessoas agonizantes muitas vezes percebem parentes ou amigos próximos falecidos há muito tempo ao lado de seu leito. Estes seres espirituais podem estar lá para zelar por elas ou para visitá-las. Já houve muitos casos em que uma pessoa moribunda subitamente chamou um parente falecido ou descreveu uma cena.

Imediatamente antes do fim, a pessoa pode entrar lentamente em coma ou permanecer consciente até o momento "final". Se estiver consciente, talvez note uma sensação de "frio" nas extremidades, que ocorre quando a circulação vai se tornando mais lenta e a energia da Força de Deus começa a retirar-se do corpo. À medida que a retirada prossegue, a pessoa pode ter uma leve sensação de "tremor" ou "formigamento". Esta sensação é causada pelos fios etéreos que estão começando a se soltar do corpo físico, preparando-se para a separação do duplo corporal. No instante da morte, a respiração pára e a alma deixa o corpo. Neste momento, o "cordão de prata", a fibra etérea que alimenta o espírito no corpo físico, é cortado. O espírito finalmente está livre!

O Suicídio

Qualquer pessoa que se force a deixar o corpo prematuramente descobrirá que, embora possa destruir seu corpo, não pode destruir sua alma.

Quando o espírito compreende o que fez, é geralmente invadido por um sentimento de remorso e fica deprimido. Acredito que muitas dessas almas torturadas estão mental e/ou emocionalmente doentes. Se uma pessoa é mentalmente doente quando está na Terra, precisará de muita compaixão e compreensão no mundo dos espíritos. O mesmo acontece com um alcoólatra ou alguém viciado em drogas. Muitas vezes, é preciso ajudar as almas viciadas, porque os vícios são levados para depois da morte. Mestres e seres espirituais com dons de cura estão disponíveis para ajudar a alma a obter paz de espírito e bem-estar.

Felizmente, as preces e pensamentos amorosos da família e dos amigos na Terra ajudam a mudar a atmosfera da aura de depressão e tortura em que vivem essas almas, substituindo-a por um clima de cura e amor. Por isso é tão importante rezar por aqueles que faleceram. Essas almas irão ganhando consciência de suas naturezas espirituais mais elevadas e começarão a buscar uma forma de sair da situação em que se encontram. Há muitos espíritos do outro lado da vida cuja única responsabilidade é ajudar essas vítimas e amorosamente acompanhá-las às áreas em que podem receber alívio para suas torturas mentais. Acima de tudo, essas almas precisam aprender a perdoar a si mesmas.

A Morte Súbita ou Inesperada

Em caso de morte súbita, por acidente, atos de violência ou outras causas, o espírito é forçado a deixar o corpo tão rapidamente que mal percebe o que aconteceu. Um espírito não sente qualquer dor física neste tipo de morte. Em todas as minhas experiências, nunca vi um espírito relatar que havia sentido dor ao atravessar o pára-brisa de um carro em um acidente, ou tido a sensação de ser esmagado por uma parede durante um terremoto. Quando o espírito finalmente compreende a situação, já está fora do corpo físico.

Dependendo do tipo de morte, a pessoa pode perder a consciência, ou ter a percepção espontânea de que está fora de seu corpo, olhando para sua forma vazia de vida. Ela ainda se sente viva e pensa que é um ser físico, até se dar conta de que não é mais. Muitos espíritos me revelaram que tentaram em vão falar com as pessoas à sua volta e ficaram desconcertados quando ninguém respondeu. Embora não possamos ouvir os mortos, eles são perfeitamente capazes de ouvir o que estamos dizendo e pensando.

Logo após a morte, é habitual que um membro falecido da família, ou espírito-guia, venha receber a pessoa que morreu e ajudá-la a ajustar-se às condições desconhecidas do mundo dos espíritos. Entretanto, no caso de uma morte súbita ou violenta, o falecido pode demorar algum tempo para aceitar a situação.

Seres Presos à Terra

Quando o espírito abandona seu veículo físico, passa a residir em sua contrapartida etérea. Neste estado, o espírito tem uma sensação imediata de paz e liberdade. Do mesmo modo, há uma forte sensação de leveza e flutuação, porque o peso e a gravidade do corpo físico já não existem. Na maioria dos casos, a transição é rápida.

Entretanto, quando um espírito é muito ligado à sua família e não está pronto para aceitar o fato de que morreu, os laços terrenos tornam-se uma espécie de armadilha. Nesta situação, o espírito permanecerá próximo a seu cadáver. Com freqüência, fará tentativas inúteis de comunicar-se com seus familiares. Ocasionalmente um espírito pode ficar "paralisado" e preso à Terra. Às vezes, é o sistema de crença da pessoa durante a vida que a mantém "presa à Terra" após a morte. Vou dar um exemplo.

Havia um homem, chamado Bill, que não tinha qualquer crença religiosa ou espiritual. Sua convicção era: "Quando morremos, acabou-se. Não há nada além disso." Durante sua vida, Bill só se preocupou com ele mesmo e com aquilo que possuía, mesmo que para isso fosse necessário prejudicar outras pessoas.

Um dia, Bill morreu e acordou do outro lado. Apesar de estar em outra forma mais leve, ele ainda possuía sua mente terrena e materialista. Impaciente, tentou agarrar-se aos seus bens, mas descobriu que não podia fazê-lo. Inconsciente e despreparado, Bill continuou a vagar pela Terra como um fantasma, visitando sua casa e contactando sua família, na tentativa de comunicar-se com eles. Este estado "intermediário" pode durar algumas horas, meses ou mesmo anos, dependendo do desejo de deixar o mundo físico para trás e passar para os domínios astrais mais elevados. Felizmente, ninguém precisa passar pela mesma confusão de Bill; basta manter algum tipo de consciência espiritual mais elevada.

Meu amigo Mike estava convencido de que o mundo espiritual não existia. Quando adoeceu gravemente, procurei tranqüilizá-lo dizendo que a vida não termina, mas ele não me escutou. Dois dias depois da sua morte, ele me visitou, vindo do lado espiritual. Era de manhã cedo, quando fui subitamente acordado pela aparição de um corpo etéreo de 1,80m, brilhando fracamente ao pé da minha cama, e parecendo absolutamente real. Ele olhou para mim e perguntou através do pensamento: "Estou morto?" Enviei de volta meu pensamento: "Sim, Mike, você está morto." Ele agradeceu: "Obrigado." E desapareceu. Logo após sua saída, notei a presença de uma mulher e soube instintivamente que ela era um dos guias espirituais de Mike. Ouvi-a dizer para mim: "Obrigada. Ele precisava ouvir isto de alguém que ele conhecesse." Em seguida, ela também desapareceu.

É triste pensar que o mundo está cheio de seres ainda presos à Terra. Alguns, como Mike, percebem rapidamente que estão "paralisados" e passam rapidamente para o mundo espiritual. Outros vagueiam pelo plano físico e "assombram" os vivos, influenciando os seres humanos mais suscetíveis. É uma pena que os nossos sistemas de crença rígidos e restritivos nos acompanhem para o outro lado.

A transição do mundo físico para o mundo espiritual é natural e indolor. Entretanto, nossa cultura transformou esta passagem em um acontecimento que inspira um enorme medo e para o qual as pessoas não se encontram bem preparadas. Por isso é importante ganharmos uma compreensão do fenômeno da morte – para que a transição seja fácil, tranqüila e completa. Precisamos apenas entender que a morte é uma porta para a vida eterna e que *há mais coisas por vir.*

V

Os Domínios Espirituais

Quando uma pessoa deixa o mundo físico, ela abandona um corpo denso e pesado que habitou um mundo igualmente denso e pesado. Essa transição pode ser comparada com tirar um sobretudo de inverno, ou com uma cobra trocando de pele. Em essência, o que fazemos é a mesma coisa. Quando morremos, não precisamos mais de nossa forma humana, e por isso a abandonamos. A alma permanece intacta; os corpos astral, mental e espiritual ainda estão vivos e bem. Mesmo nossa personalidade, com todos os seus sentimentos, preferências, desagrados, emoções e desejos, permanece a mesma.

Entrando em um Novo Mundo

Uma pessoa sempre começa uma nova existência naquilo que é conhecido como o mundo astral, seja qual for o grau de sua evolução espiritual. Sob muitos aspectos, o mundo astral é tão sólido e real quanto a Terra física. Este mundo invisível (para nossos olhos físicos) interpenetra a Terra e se estende a seu redor, e é feito de uma energia etérea que vibra em freqüências situadas além do espectro físico. O mundo astral é composto de vários níveis, e cada nível corresponde a uma freqüência etérea específica.

O nível do mundo astral mais próximo da Terra física pode ser descrito como uma espécie de área de recepção. Esta região é importante para as almas recém-chegadas por duas razões. Em primeiro lugar, ela fornece um ambiente que reproduz a Terra de todos os modos possíveis. Isto suaviza o choque da saída de um mundo sólido e físico e permite ao espírito acostumar-se gradualmente ao mundo além da vida na Terra.

Tive muitas oportunidades de trazer mensagens relativas às condições encontradas pelos espíritos quando entram no mundo astral. Transcrevo a seguir um exemplo maravilhoso dessas sessões. Mas, por favor, não se esqueçam de que há formas diferentes de chegar, assim como há formas diferentes de morrer.

Uma moça veio me ver, querendo contactar sua mãe. Apesar de muito cética, estava se sentindo culpada por não ter estado presente quando a mãe morreu, e queria algum tipo de prova de que ela estava bem. O nome da mãe era Molly, e assim ela descreveu sua entrada no mundo dos espíritos:

"Eu me lembro que tudo parecia muito estranho. Eu me vi em uma espécie de hospital, muito bonito e alegre. Eu não me sentia mais doente, nem precisava mais de oxigênio. Olhei em volta e vi outras pessoas que também estavam deitadas. Tudo parecia muito natural.

Então uma senhora entrou na sala e veio até mim. Falou comigo de um modo cheio de compaixão, mas sem usar palavras. Era uma espécie de telepatia, mas eu podia ouvir e entender cada palavra do que ela dizia. Havia algo nela que parecia muito familiar. Assim que pensei isto, ouvi-a falando comigo, na minha cabeça:

– Sou eu, Jennie. Nós brincávamos juntas na fazenda quando crianças.

Quando olhei dentro de seus olhos e vi seu sorriso doce, lembrei-me dela. Nós brincávamos juntas na infância, e ela tinha morrido de febre reumática aos oito anos.

Ela me lembrou como éramos amigas na infância e como eu ficara perturbada quando ela morreu. Disse que fizéramos um pacto. Quem chegasse primeiro ao céu viria dar as boas-vindas à outra!

De repente fui inundada pela lembrança e invadida por uma sensação de suprema alegria e felicidade. Jennie me convidou a acompanhá-la, e, antes que me desse conta, eu havia saído da cama e a seguia. Fomos para um belo pátio, cheio de pessoas bem vestidas.

Todas sorriam e eu sentia a alegria geral. Crianças brincavam em jardins cercados por fontes maravilhosas.

Vi então um jovem casal de pé junto à escada. Eles estavam sorrindo para mim. Quando desci os degraus e cheguei mais perto, eu os reconheci. Eram minha mãe e meu pai, Gertrude e Jed!

– Não acredito que são vocês! – gritei, alegre.

Minha mãe acariciou minha cabeça:

– Está tudo bem, não chore. Você verá como tudo é real, assim que parar de pensar com sua mente terrena e adaptar-se a seu eu espiritual.

Quando perguntei por que ela estava tão jovem, minha mãe respondeu:

– Quando você se transforma em espírito, pode escolher a aparência e a idade em que se sente mais à vontade. Escolhemos ter 30 anos porque adoramos esta época da vida.

Eu estava me sentindo muito bem. Então, comecei a ver outros membros da minha família, todos parecendo cheios de vida. Insistiram para que eu descansasse e curtisse uma vida livre das preocupações que eu tivera na Terra. Eu lhes disse:

– Tudo parece tão real, tão real mesmo.

Logo depois, minha mãe me levou até sua casa, para que eu descansasse. Era a mesma casa em que nós morávamos quando eu era menina, com as mesmas cortinas na cozinha. No meu quarto havia exatamente a mesma cama. Encostei a cabeça no travesseiro e caí no sono mais profundo e tranqüilo que já tive. Imediatamente antes de adormecer, lembro-me de ter pensado: '*Agora* eu sei o que a expressão *bem-vinda ao lar* quer dizer realmente.'"

Após duas horas fantásticas, terminei a sessão e agradeci a meus espíritos-guias. A filha de Molly estava tranqüila e lágrimas rolavam por seu rosto.

– É ela, é minha mãe – murmurou. – Tudo o que ela disse é verdadeiro. Estou feliz porque ela está bem e em casa. – A moça enxugou suas lágrimas e me abraçou, agradecendo-me.

O Mundo Astral

O mundo astral que a mãe de Molly descreveu é, sob muitos aspectos, tão sólido quanto a Terra física, embora sua energia seja leve e etérea. Quando uma alma faz a transição para o nível astral da existência, ela entra com seu corpo astral. Assim como o corpo etéreo, abandonado na hora da morte, o corpo astral é uma cópia exata e completa do corpo físico, mas não tem qualquer doença ou fragilidade. Defeitos e deficiências são apenas efeitos de um corpo físico em um mundo físico. Eles *não* existem no mundo ou no corpo espirituais.

O corpo espiritual é completo e perfeito,
e não pode ser destruído ou danificado.

Embora os nossos corpos espirituais cheguem em perfeitas condições, nossas personalidades, formadas por lembranças, preconceitos, anseios e sensibilidades acumuladas, não mudam. Tudo o que vivenciamos no mundo físico fica inscrito na configuração da alma. Na Terra, passamos muito tempo procurando garantir uma boa aparência física e dedicamos pouquíssimo tempo às coisas que realmente importam, como melhorar os relacionamentos ou sermos mais verdadeiros. Depois que morremos, todo o cuidado que tivemos com o corpo não terá importância alguma, porque estaremos ótimos de qualquer modo. Entretanto, permanecerão os mesmos problemas e incertezas que achávamos que desapareceriam com a morte.

Uma Ocasião para Refletir

Há um momento em que o espírito começa a julgar e examinar cada experiência, momento e ocasião de sua vida passada. Examina cada pensamento, sentimento e ação, e vê o que contribuiu ou prejudicou o crescimento de sua alma.

Neste processo de reavaliação, a alma às vezes percebe que, para extrair toda a sabedoria possível de uma dada experiência, talvez seja necessário repetir uma situação semelhante em uma existência futura na Terra. Isto dá início àquilo que se conhece como processo cármico, isto é, a transmissão da experiência de uma vida para outra, de modo a ganhar consciência espiritual. O objetivo do processo não é punir alguém por ter feito algo "errado". É apenas uma avaliação espiritual da experiência. Se uma alma acredita que pode refazer melhor uma experiência, ela voltará para repeti-la.

O Mundo que Criamos

Depois de ter se adaptado a seu novo mundo, é muito comum que uma alma recém-chegada seja recebida por um espírito-mestre e levada, por assim dizer, para dar uma volta em que possa conhecer os vários níveis e expressões da vida espiritual. Esta excursão demonstra tanto o nível de consciência atingido por um espírito quanto o nível de crescimento espiritual que ele pode alcançar. Costumo dizer em minhas palestras: "Vocês são responsáveis pela criação de seu céu ou de seu inferno, a partir de seus pensamentos, palavras e ações." As pessoas que tentam levar uma vida decente na Terra, respeitando os outros e demonstrando amor, não precisam se preocupar com a existência após a vida. Elas gravitarão em um nível maravilhoso de paz, alegria e amor ilimitados. Com base nas inúmeras sessões que já fiz, posso descrever como deve ser o ambiente de uma pessoa normal de bom coração, quando ela se torna espírito.

A primeira coisa que se observa é uma beleza incrível. Tudo é luminoso e claro. Em seguida nota-se o aroma, uma espécie de perfume angelical. Os espíritos muitas vezes contam que não há palavras para descrever o perfume e a beleza insuperáveis deste lugar celestial. Todas as coisas estão cheias de vida e em perfeita harmonia entre si.

Além da beleza, há escolas de conhecimento sediadas em construções extraordinárias. É possível encontrar qualquer tipo de educação e instrução nessas escolas – artes, música, línguas, filosofia, ciências ou arte dramática.

Vivendo Seus Desejos

Quando entramos no mundo astral, nossas emoções e desejos mais profundos e nossos gostos e desagrados mais acentuados nos acompanham. Assim, em espírito temos finalmente a oportunidade de manifestá-las e de viver plenamente todos os nossos sonhos e desejos.

Por exemplo, digamos que você sempre tenha desejado pintar, mas não soubesse como. No mundo astral, você pode finalmente vivenciar a alegria e a satisfação que a pintura lhe daria. Aqui é possível satisfazer qualquer desejo. Tudo é criado com o pensamento, e tudo o que um espírito precisa fazer é aprender a instilar vida em seus pensamentos, e assim realizar um sonho.

O mundo astral é, portanto, feito daquilo que queremos e daquilo que sentimos que precisamos. Esses desejos estão alojados na parte inferior de nossas personalidades; não fazem parte do lado espiritual sublime de nosso ser. Quando o espírito percebe que não precisa mais desses desejos, é fácil abandoná-los. O mundo astral é como um acerto de contas; ele nos ajuda a livrar-nos de nossos anseios emocionais terrenos.

O tempo gasto nos muitos níveis do mundo astral varia de espírito para espírito. Cercado pelas criações de seus próprios desejos e anseios, o espírito permanece nesta região enquanto tiver afinidade com essas energias. À medida que um espírito desfaz-se dos entulhos durante sua readaptação astral, está, essencialmente, preparando-se para novas oportunidades quando retornar à Terra em outra ocasião.

A Terra Escura

Embora seja impossível descrever detalhadamente todos os níveis que existem no mundo astral, basta dizer que há alguns menos sublimes. Para dar uma visão geral, acho que seria bom descrever uma situação extrema do nível astral, conhecida como inferno. Esta região astral inferior é uma condição criada pelos pensamentos, palavras e ações daqueles que produziram dor e sofrimento na Terra. Todos nós colhemos o que plantamos. Não há exceções. Assim, um espírito que tenha vivido uma vida terrena de injustiça, crueldade e ódio pode encontrar-se neste nível.

Esta região inferior vibra em um ritmo muito mais lento do que as regiões superiores. A luz é baça e vai diminuindo até chegar a uma escuridão quase indistinta. Um odor forte e desagradável está por toda parte. Figuras fantasmagóricas contorcem-se, andando de um lugar para outro em uma dança aparentemente infinita de inquietude. O corpo astral de um espírito nas regiões inferiores está às vezes deformado ou mutilado, e parece destruído e miserável.

Os espíritos desta região sombria alimentam atitudes mentais de ódio, maldade e de necessidade de controlar os outros; são regidos pelos elementos mais baixos do mundo físico. Os habitantes podem ser assassinos, estupradores, ladrões, caloteiros, trapaceiros, torturadores ou qualquer pessoa que tenha feito mal a outro ser humano. Uma alma permanece neste antro escuro até que todos os seus desejos mais vis estejam esgotados. Somente quando alcança uma consciência espiritual a alma pode passar aos espaços superiores do plano astral. Quando uma alma depravada tem alguma percepção do mal que fez, um espírito-guia aparece imediatamente para ajudá-la. Ninguém está realmente perdido, porque a energia da Força de Deus está dentro de cada alma.

VI

O Espírito em Evolução

Muitas vezes me perguntam: “Quanto tempo ficamos do outro lado?” e “Ficamos em um só lugar, ou vamos para outras dimensões?”. Durante minhas sessões, sou capaz de dizer se um espírito já evoluiu para os mundos celestiais mais elevados pelo modo como transmite seus pensamentos e sentimentos. Muitas vezes, digo para um cliente: “Sinto que esse homem está do outro lado há pelo menos 10 anos”, ou “Esta mulher acaba de chegar”. Percebo a diferença pela clareza dos pensamentos que um espírito envia e pelo tipo de emoção presente nas mensagens.

Por exemplo, um espírito recém-chegado pode transmitir sentimentos e pensamentos de modo muito ansioso, carregado de emoções. Quando um espírito está no mundo espiritual há mais tempo, a transmissão é bastante calma; os pensamentos são lúcidos e fáceis de entender. As mensagens transmitidas, além de equilibradas, são logo compreendidas pelas pessoas amadas com quem desejam entrar em contato.

O mundo astral é como um passo intermediário na progressão de um espírito, um lugar onde todas as necessidades emocionais básicas e inferiores são vividas até a exaustão. À medida que um espírito prossegue na sua viagem, mais cedo ou mais tarde perderá o interesse pelos sonhos e anseios terrenos e começará a despertar para um aspecto mais elevado de sua consciência. Quando uma alma está pronta para evoluir, todas as velhas lembranças e padrões de pensamento terrenos são abandonados.

A Vida Mais Elevada

O abandono dos padrões terrenos e dos elementos inferiores do corpo emocional purifica e ilumina a personalidade. À medida que estes resíduos são deixados para trás, o espírito avança para uma esfera espiritual mais elevada e torna-se um ser mais iluminado. O espírito entra no verdadeiro mundo do Céu.

Este "Céu" não é um "lugar" diferente, pois não há fronteiras físicas no mundo espiritual. Em vez disso, há freqüências de vibração diferentes, e os espíritos mais evoluídos gravitam nas freqüências etéreas mais altas. Quanto mais alta a freqüência, mais brilhante e pura a luz da região. Quando digo "região", estou na verdade me referindo a um estado de consciência. Quando os espíritos alcançam esta freqüência mais elevada, ressoam e refletem a glória da essência harmônica divina.

Nos domínios mais elevados, todo mundo está no mesmo nível de compreensão espiritual. Para alguns, isto pode significar uma reunião com membros de sua família terrena. Para outros, pode ser um encontro com antigos amigos e amantes de encarnações anteriores. Também estarão presentes espíritos que nunca estiveram na Terra, mas que são familiares aos demais. Cada membro do grupo tem sua própria maneira de contribuir para elevar e aprimorar os outros; por isso, todos se sentem completos e plenos quando estão juntos. Espíritos-guias formam um laço com este grupo e desempenham um papel importante na vida de cada espírito.

Embora na Terra nossos pensamentos e sentimentos possam ser ocultados, isto não é possível no mundo espiritual. Cada pensamento de um espírito é visível e aparece como sua própria emissão de luz interior. Neste nível de consciência, os espíritos são seres que incorporaram todas as suas experiências e personalidades terrenas à sua comunhão com Deus.

Muitas almas evoluídas já tentaram transmitir aos seus seres amados a "luz" e a "plenitude" do mundo no qual residem, descrevendo o modo como em seu ambiente tudo se integra e se une ao todo, contendo a imensa plenitude da luz de Deus.

A Vida de uma Criança

As regiões mais elevadas também têm centros-creche, onde os seres espirituais evoluídos alimentam e cuidam dos bebês e das crianças pequenas que deixaram a Terra recentemente. Esses espíritos são ligados aos bebês pela capacidade que cada um tem de amar e ser amado.

Há inúmeras razões pelas quais uma vida é interrompida tão cedo e volta a ser espírito. Cada espírito tem seu próprio destino divino e um plano de alma para desenvolver. Talvez para uma alma pouco experiente a vida tenha sido difícil demais, o que fez com que ela deixasse o corpo rapidamente. Muitos espíritos me disseram que isto é geralmente conhecido como Síndrome da Morte Súbita Infantil (SMSI). Qualquer que seja a razão, a alma da criança terá uma chance de aprender e de voltar à Terra mais uma vez. Muitas almas recém-nascidas podem decidir completar seu ciclo "físico" de vida em espírito, para que sejam capazes de desenvolver qualidades e princípios mais elevados. Esses bebês vão progredir no mundo espiritual, para voltarem à Terra com uma consciência renovada e mais ampla da vida.

O Aprendizado Infinito

As almas das regiões mais elevadas estão lá para aprender, expandir, desenvolver suas capacidades mentais e receber instruções através de seus guias e mestres espirituais. Há um número infinito de instituições de aprendizado, dependendo daquilo que os espíritos desejam cultivar. Os espíritos estudam a verdade, o amor, a humildade e a paciência.

Ao mesmo tempo, há grandes intelectos reunidos para trabalhar nas áreas da filosofia, medicina e ciência. Alguns espíritos se dedicam a ajudar os habitantes da Terra, propiciando-lhes um aumento da percepção e da criatividade, semeando pensamentos que serão colhidos sob a forma de novas invenções geniais e curas preciosas. Tudo é possível quando as pessoas desejam alimentar sua própria luz e abrir-se às possibilidades infinitas de Deus.

Uma noite, durante uma sessão, entrei em um transe total, e meu corpo astral deixou meu corpo físico e viajou para um lugar que eu gostaria de compartilhar com você. A primeira coisa com que me deparei foi um edifício incrível, que parecia feito de mármore. Em seguida, eu me vi sentado no balcão de um lugar que parecia ser um enorme teatro ou tribunal. Todos à minha volta se concentravam na situação que se desenrolava no andar abaixo. Quando olhei nessa direção, vi homens e mulheres trajados com roupas de várias épocas. Reconheci um homem sentado a uma mesa de luz, conversando com outras pessoas. Era idêntico a Benjamin Franklin. Achei estranho tudo aquilo e me perguntei onde me encontrava. A resposta surgiu imediatamente: eu estava em uma reunião de grandes mentes. Isto é tudo de que me lembro. Quando saí do transe, perguntei aos outros membros do círculo de meditação o que havia ocorrido. Eles me olharam, perplexos:

– Você não lembra? – um deles perguntou.

– Não – respondi.

– Apareceu um homem chamado Franklin.

Os participantes então descreveram como esse homem lhes havia falado sobre as várias injustiças causadas no mundo pelo extremo egoísmo dos seres humanos.

– Ele disse que faz parte de um grupo de pessoas em espírito que trabalha junto aos governos de vários países da Terra para trazer compreensão e conseguir acordos.

Desde então, li sobre visões semelhantes descritas por outros espiritualistas. Todos esses espíritos trabalham com as mentes dos líderes políticos da Terra, difundindo ideais de paz, solidariedade, união e compreensão. Às vezes são bem-sucedidos, e nosso mundo triunfa com a adoção de políticas de paz e de justiça. Em outras ocasiões, seus esforços falham. Tentar atingir mentes dominadas pela ignorância, escuridão, cobiça e traição com as verdades supremas da luz, do amor e da justiça é de fato um grande desafio.

No entanto, os seres espirituais nunca desistem e continuam a trabalhar em prol de toda a raça humana. Apesar de, às vezes, acharmos que nossas preces não são ouvidas, elas sempre são. E são respondidas. Depende de nós manter a porta de nossos corações aberta para que a luz encontre nela seu caminho.

VII

Voltando à Terra

À medida que um espírito se desenvolve nos domínios espirituais, ele se aproxima da grande Luz da compreensão. Possuído por esta consciência de Deus, um espírito sintoniza-se com os ritmos harmônicos e as leis divinas do universo. Mas dentro da alma de cada espírito há um anseio por alcançar níveis ainda mais elevados de consciência espiritual. Este crescimento contínuo pode ser desenvolvido através de inúmeras "lições de alma", e só pode ser praticado pela livre vontade do espírito. Estas lições de alma são dadas pelas oportunidades vivenciadas na sala de aula que chamamos de "Terra".

Dois terços da população mundial acreditam em reencarnação, o renascimento da força da vida ou da alma em um novo corpo físico. No hinduísmo e no budismo, uma alma volta à Terra para saldar seu carma. Uma vez aperfeiçoada, a alma interrompe seu ciclo de renascimento e retorna à alma divina.

Tenho certeza de que muitos de nós já tiveram experiências chamada de *déjà vu*, isto é, de estar em um lugar desconhecido que nos parece familiar ou com uma pessoa de quem nos sentimos instantaneamente próximos ou com quem sentimos uma afinidade aparentemente inexplicável.

Para que um espírito possa receber a experiência ideal de crescimento da alma e utilizar sua energia criada por Deus, é preciso que se prepare para sua viagem de volta à Terra. Para isso, ele decide o que quer fazer com a energia da Força de Deus. Também é necessário lembrarmos que não são só as ações físicas que produzem resultados; as ações mentais – nossos pensamentos e palavras – também produzem efeitos. *Tudo é energia!* Decidimos como queremos usá-la! Quando um espírito se sente pronto para tornar a vivenciar uma vida física, há uma progressão natural de etapas para sua entrada na Terra.

O Conselho Etéreo

Para ajudar uma alma a preparar-se para sua próxima passagem, há seres altamente evoluídos em espírito que compõem aquilo que é conhecido como Conselho Etéreo. Estes seres já completaram as encarnações terrenas e fazem recomendações para ajudar outros espíritos a desenvolver seu "plano de vida", que são os objetivos espirituais que uma alma quer atingir em sua próxima vida. A encarnação é uma espécie de projeto que contém oportunidades necessárias para o progresso da alma. Cabe ao espírito decidir os detalhes exatos do plano. É aqui que entra o livre-arbítrio.

Cada alma é única. O conhecimento e a sabedoria de cada vida são incorporados à sua memória; por isso, a alma pode escolher para a próxima vida a ocupação que mais favoreça seu crescimento. Quando regredi a outras vidas, descobri que passei muitas delas aperfeiçoando a sensibilidade, a aptidão e o discernimento para minha comunicação espiritual. Por isso, não é estranho que eu seja um médium na vida atual. O mesmo acontece com a maioria das pessoas. O que estamos fazendo nesta vida provavelmente é algo que, de algum modo, já fizemos antes.

Qualquer prova ou aflição é apenas um teste para ver se conseguimos descobrir a solução espiritual. A alma recebe muitas oportunidades para desenvolver-se e expandir-se através da superação das adversidades. Crescer nunca é fácil, e só pode ser feito através da vivência de todos os aspectos de uma situação e de sua compreensão total.

Quando um espírito olha para as circunstâncias físicas de sua próxima vida, percebe que algumas são muito difíceis, porém necessárias para seu crescimento. Um espírito pode perceber de que modo essas adversidades ajudam seu crescimento geral, ou como essas experiências irão fazer brilhar uma nova faceta de sua luz. É por isso que a vida na Terra pode ser comparada a uma sala de aula. Estamos aqui para aprender; ao terminar, voltamos para casa.

É a alma que decide a que velocidade deseja avançar. Alguns espíritos preferem permanecer do outro lado até que se sintam inteiramente prontos para voltar e enfrentar uma tarefa difícil em sua jornada na

Terra. Outros ficam entusiasmados e querem lançar-se logo a esse compromisso espiritual, porque sabem que isto irá acelerar seu crescimento espiritual. O Conselho Etéreo ajuda a planejar todos os aspectos da vida futura do espírito e garante que as decisões sejam tomadas com base em necessidades espirituais.

O Carma

Estamos todos familiarizados com a expressão: "o que vai volta". Esta é uma outra maneira de definir a lei universal conhecida como carma. Colocando de maneira simples, passamos pela vida plantando sementes ou atirando pedras, e colheremos os efeitos daquilo que criamos, seja bom ou ruim.

Como o tempo não existe no universo multidimensional, o ciclo de causa e efeito pode estender-se ao longo de várias vidas. A duração do tempo passado na Terra é apenas uma ilusão, pois trata-se de uma limitação do corpo físico e do mundo físico.

Na verdade, uma vida é um período muito curto de tempo no grande plano do universo.

Assim, o resultado das nossas ações de hoje não acontece necessariamente na mesma vida ou na mesma existência. Mas todas as ações embutidas na membrana da alma permanecerão lá até serem compensadas e o equilíbrio estar restabelecido.

O carma é, na verdade, uma oportunidade de crescimento para a alma. Quando a alma aprende que suas ações têm conseqüências, não terá mais necessidade de criar um carma difícil no futuro. Assim, quando a alma retornar à Terra, terá, entre outras coisas, um plano de vida, lições cármicas armazenadas em sua memória, um corpo escolhido, pais e parentes, relacionamentos, hora e local de nascimento, uma posição na vida, e o momento e a forma de sua morte. Tudo isto reflete o tipo de trabalho espiritual que a alma deseja realizar.

As pessoas muitas vezes me perguntam: "Por que nos esquecemos de quem somos e de onde viemos?" Minha resposta é que isto acontece pela graça divina. Em primeiro lugar, ao esquecer, ficamos menos saudosos de nossa existência celestial. Em segundo, se conhecêssemos todos os nossos erros e fracassos do passado, poderíamos ficar obcecados por eles a ponto de não conseguirmos progredir e realizar o trabalho atual. Esquecer os domínios espirituais nos permite começar do zero, por assim dizer. Entretanto, esta informação cármica permanece alojada no átomo-semente e pode ser liberada à medida que a pessoa vai tomando mais consciência de si mesma. Nada está perdido, apenas esquecido. Cada um de nós tem muitas oportunidades de se lembrar do seu eu verdadeiro.

O momento do nascimento é muito importante para uma nova alma. Várias forças combinam-se em perfeita sincronicidade. As energias planetárias, psíquicas, físicas e espirituais interagem de modo totalmente ritmado. É por isso que a hora e o local de nascimento são da maior importância, pois essa combinação astrológica ajuda a determinar a raça, a família e o *status* na Terra. Há uma hora e lugar para todas as coisas. Assim como as ondas que batem em uma praia, o nascimento, tal como a morte, ocorre em uma hora perfeita e natural, mesmo os nascimentos que chamamos de "prematuros". No momento exato, o espírito encaixa-se perfeitamente em seu novo corpo, viaja através do canal de nascimento e emerge em um novo mundo. Ele está pronto para uma vida repleta de infinitas oportunidades espirituais.

Vivendo no Mundo Físico

À medida que as lembranças do mundo celestial de luz e alegria lentamente se desvanecem e são substituídas por uma sensação de peso e frio, a alma recém-chegada sente-se um pouco confusa ao entrar no mundo físico mais uma vez. Ela acabou de se afastar de um mundo organizado e acolhedor para ingressar em um lugar de insegurança e solidão. O espírito não está mais flutuando em um mundo de cor, luz, sentimentos e deslumbramento. Ele já não viaja mais à velocidade do pensamento. Ninguém lê mais sua mente. O espírito está de novo aprisionado em um mundo onde a energia é densa, as cores fracas e insípidas, e a única luz natural emana de um sol.

Embora o espírito que reencarna já seja muito "velho", de certo modo é também novo em folha. É verdade que traz consigo um pacote de lições cármicas, mas também tem seus corpos mental, emocional e físico recém-formados para vivenciá-las. Em parte, o espírito conta com seus instintos inferiores para satisfazer suas necessidades físicas. Mas e as partes emocionais e mentais deste ser? Como se desenvolverão e se aperfeiçoarão? Equipado com seu plano de vida espiritual, o espírito deve entrar no mundo da carne para cumprir seu destino. Deve aprender a amar, a ser magoado e a crescer. O resto de sua vida na Terra será moldado por suas relações, sua religião, e pela sociedade em que vive. A vida completou seu ciclo, e a viagem do espírito avança mais uma vez através do tempo.

VIII

EXPECTATIVAS

Se você não for verdadeiro com a voz interior ou com a fonte divina do seu coração, você não será feliz. Quantas vezes dizemos ou fazemos alguma coisa que não é inteiramente verdadeira, apenas para sermos apreciados ou para nos sentirmos próximos de outra pessoa, e logo em seguida nos arrependemos? Muitos sacrificam seus sonhos individuais e seus desejos para atender às expectativas dos outros.

Eu quase fiz isto. O sonho da minha mãe era que um de seus filhos se tornasse freira ou padre. Decidi atender seu desejo e ser o padre que minha mãe sempre quis. Por quê? Porque eu pensava que com isto minha mãe sentiria orgulho de mim e me amaria ainda mais. Entretanto, após um ano em um seminário, desisti, percebendo que não tinha a vocação espiritual necessária para o sacerdócio. Era o desejo da minha mãe, não o meu. Na época, eu não percebia que o amor da minha mãe estava sempre presente e sempre estaria, independentemente do rumo que eu tomasse.

Quando somos crianças, existe um padrão estabelecido: os filhos devem esforçar-se para conquistar o amor dos pais, e os pais moldam os filhos para fazer deles o que esperam que sejam. Para quem foi criado em famílias muito exigentes ou muito fechadas, o esforço para agradar pode ser interminável. À medida que as crianças crescem, os desejos dos pais permanecem em seu subconsciente e tornam-se parte de sua programação. Na idade adulta, sua auto-estima pode depender da aceitação dos outros, da mesma maneira como procuravam agradar os pais para conseguir seu amor. O que acontece é que estes adultos nunca chegam realmente a viver para si mesmos.

Uma das situações mais trágicas – e mais comuns – que encontro em meu trabalho é aquela em que um espírito se diz arrependido por não ter vivido uma vida satisfatória. Felizmente, quando entram em um nível mais elevado, os espíritos que se encontram neste estado reagem rapidamente ao amor incondicional oferecido pelos seres espirituais presentes. Esses espíritos começam então a ganhar uma nova percepção de seus arrependimentos e aprendem a valorizar a si mesmos, aos objetivos que alcançaram e ao amor que deram às outras pessoas quando estavam na Terra. Como seria melhor se tivessem podido expressar suas verdadeiras naturezas na vida, antes que fosse tarde demais! Todos nós fomos colocados nesta Terra para descobrir nosso próprio caminho e nunca seremos felizes se nos preocuparmos em seguir o caminho que outra pessoa traçou para nós.

É uma pena que tantas pessoas vivam em função das expectativas alheias. Durante as sessões que ministro, ouvi muitos casos de expectativas irreais ou frustradas. São histórias tristes, porque na maioria das vezes o potencial da pessoa nunca foi desenvolvido, deixando um enorme arrependimento pela vida vivida parcialmente. Escolhi uma delas para ilustrar o que afirmo.

O Sonho de um Pai

Adrienne e Paula, duas jovens bonitas e atraentes, vieram me procurar. Olhando para elas era difícil imaginar que houvesse algum problema mais sério. No entanto, havia um profundo sofrimento escondido atrás de seus brilhantes olhos azuis.

Depois de meia hora de sessão, falei:

– Estou sentindo um frio incrível à minha volta, e uma imensa sensação de tristeza, como se alguém estivesse chorando. – As moças me olharam perturbadas, e prossegui: – Há um homem aqui que parece muito angustiado. Está me mostrando um carro, acho que é um Impala, me falando sobre estar em uma garagem. Ele diz que se chama Carl. Vocês conhecem alguém com este nome?

As duas acenaram com a cabeça e começaram a chorar baixinho. Paula falou:

– Sim, é o nome de nosso pai. Ele colecionava carros antigos e foi encontrado dentro de um Impala. Por favor, diga-nos se ele está bem!

– Sim, é o seu pai – continuei. Ele está muito feliz ao lado de alguém chamado Frank, que já se encontrava lá havia muito tempo. Seu pai me diz que sentia saudade de Frank. Vocês sabem quem ele é?

Foi Adrienne quem respondeu:

– Era o irmão dele que morreu quando ainda eram crianças.

Ouvi um pouco mais, e prossegui:

– Sinto muito, mas preciso dizer que seu pai é uma pessoa muito triste. Tenho a sensação de que ele trabalhava demais. Estou vendo caixas e fita adesiva. Isso faz sentido?

Paula confirmou:

– Ele era dono de uma empresa de transportes, e de fato trabalhava demais, às vezes ficava dias seguidos sem vir em casa.

Transmiti a mensagem de Carl:

– Ele sabe que não cuidava bem de si mesmo. Seu nível de exigência era altíssimo, nunca estava satisfeito com o que fazia. Gostaria de ter sido o melhor pai possível, e se culpa por não ter conseguido. Está muito preocupado com alguém chamado Jenny ou Janie.

– É Ginny, nossa mãe, ela está sofrendo muito – Adrienne informou, e depois, voltando-se na minha direção, exclamou: – Pai, nós te amamos muito, não se sinta culpado!

Ficamos todos muito emocionados. Eu prossegui:

– Seu pai continua não sendo justo com ele mesmo. Diz que devia ter diminuído o ritmo, mas achava que vocês pensavam que, como chefe de família, ele precisava trabalhar muito para lhes dar bem-estar. Ele nunca quis que vocês ou sua mãe trabalhassem.

Paula me interrompeu:

– No entanto, nós lhe pedimos inúmeras vezes que diminuísse o ritmo, mas ele era teimoso. – Suspirou fundo e acrescentou: – O grande desastre aconteceu quando a empresa dele faliu, apesar de toda a sua dedicação. Ele ficou arrasado, deprimido, se isolava, não dizia nada.

Nesse momento, senti o desespero do pai:

– Ele continua achando que desapontou todo mundo. Seu pai não se amava, era crítico demais com ele mesmo, fruto de uma educação severa e exigente. Gostaria de ter sido menos duro, mais compreensivo e tolerante. Mas pede que eu lhes diga que está começando a aprender a se aceitar e se amar.

– Que bom, papai! Nós te amamos muito! – as duas exclamaram juntas.

– Seu pai está me mostrando um porta-luvas no carro. Vejo sua mão pegando alguma coisa ali dentro. Vocês sabem o que é?

As duas disseram que sim, e Paula explicou:

– Era lá que o revólver estava. O revólver com que ele se matou.

De repente, senti o frio do metal do cano do revólver na boca. O gatilho foi puxado provocando uma explosão dentro de minha cabeça. Fiquei atordoado e tive que permanecer quieto por alguns minutos até poder continuar a sessão.

– Seu pai quer que eu lhes diga que ele está bem agora. Dayse se encontra ao seu lado e fez uma torta de maçã para ele.

– Dayse é a mãe dele – Paula explicou. – Sempre que estávamos doentes ou que alguém ficava triste, ela fazia torta de maçã, que era sua especialidade, e isso nos consolava.

As duas deixaram a sessão reconfortadas. Alguns meses depois, Adrienne me ligou para contar um sonho que tivera. Ela, a irmã e a mãe andavam com o pai por um lindo campo florido, e ele levou-as para ver uma bela casa que tinha construído. Carl lhes disse que a casa representava o amor que ele desenvolvera por si mesmo. Estava se tratando com tolerância e compaixão, e sentia-se em paz.

IX

Culpa

Freqüentemente, ouço as pessoas dizerem que "um pouco de culpa faz bem à alma", mas não concordo. Não estou falando sobre o remorso genuíno em relação a um erro que podemos remediar; refiro-me ao tipo de culpa autopunitiva que é acompanhada por sentimentos de baixa auto-estima e inadequação.

Muitas vezes nos sentimos culpados devido a algum tipo de expectativa auto-imposta sobre como deveríamos ser. Então mentimos, porque temos medo de ser punidos se dissermos a verdade. Mais tarde, nos arrependemos e sentimos culpa por termos mentido ou cometido tais erros. No íntimo, achamos que pecamos e que devemos ser punidos.

Qualquer forma de autocondenação é prejudicial à alma. A culpa não só cria desarmonia nos corpos espiritual e emocional como também está relacionada a muitos dos problemas de saúde de que sofremos.

O Tiro

Certa noite de sábado, uma semana antes do Natal, um jovem casal que participara de várias de minhas demonstrações públicas me convidou à sua casa, onde havia um grupo de quatro mulheres e dois homens. Cada um dos convidados mostrou-se disposto a abrir seu coração para expor o sofrimento e a tristeza que sentia. Expliquei como trabalhava e comecei com minha oração. Na primeira parte da sessão, fiz a leitura para três pessoas. A comunicação incluía uma série de detalhes absolutamente reais, que foram confirmados pelos participantes. Percebi que a maioria pareceu bastante satisfeita, exceto um único homem chamado Rob.

Durante um intervalo, enquanto saía da sala, escutei Rob dizer:

– Ele deve estar inventando tudo isso. Algumas coisas são muito gerais, e podem se aplicar a qualquer pessoa.

Quinze minutos depois, quando iniciei a sessão com uma oração, fui quase instantaneamente direcionado para Rob.

– Posso me dirigir a você? – perguntei.

Com um sorriso cético, Rob concordou:

– Claro, vá em frente.

Imediatamente, tive a sensação de que havia um homem ao lado dele. À medida que me concentrava, comecei a ver o homem com clareza. Tinha cabelos castanho-claros, olhos verdes e um sorriso encantador. Suas mãos estavam sobre os ombros de Rob. Perguntei:

– Você conhece a escola de St. Lucy, em Akron?

Rob ficou pálido. Olhou para os outros, sem acreditar no que ouvia, esperando que dissessem alguma coisa para tranqüilizá-lo. Depois, olhou para mim:

– Conheço, eu estudei lá antes que meu pai fosse transferido. – Começou a tremer e a gaguejar: – Quem está aí? Quem está falando com você? – A arrogância de Rob começava a desmoronar.

Continuei com minhas impressões:

– Tenho aqui um homem que afirma conhecê-lo. Ele diz que viveu em Akron e está falando de uma arma.

Rob indagou:

– É o meu avô? Ele viveu lá. – O nervosismo transparecia claramente em sua fala. – Meu avô tinha uma arma. Era uma espingarda. Ele costumava me ensinar a usá-la.

Eu sabia, através das vibrações, que o espírito atrás de Rob não era o seu avô. Enviei uma mensagem mental ao espírito e pedi que se identificasse. Rob se remexia na cadeira e sua aflição parecia se espalhar pela sala. Todos estavam ansiosos para saber quem era aquele convidado misterioso.

– É alguém que você não via há anos. Ele está me dizendo que você se lembraria dele através de algo ou alguém chamado Spike.

Os olhos de Rob se arregalaram. Ele não conseguia parar de tremer.

– Deus do céu... Deus do céu, não pode ser... Não pode ser. Danny? Danny, é você? – Subitamente, lágrimas começaram a correr por seu rosto. – Spike era a bicicleta de Danny. Ele chamava sua bicicleta de Spike.

– Ele está dizendo que morava na sua rua.

– Sim, eu sei. É Danny Timmons. Crescemos juntos. – Então, em estado de choque, levantou-se e apontou para mim, gritando: – Quem é você? Que piada cruel é esta? Alguém lhe contou. Alguém deve ter contado.

Esperei vários minutos até que se aquietasse. Rob afundou na cadeira e escondeu o rosto com as mãos. Lembrei-lhe que ninguém na sala sabia daquela informação e garanti-lhe que eu fazia meu trabalho com a maior seriedade. Minhas palavras o confortaram um pouco e o ajudaram a confiar em mim.

– Danny está mostrando uma arma. É a mesma arma que eu vi antes. Você compreende isso?

– Sim... sim, compreendo – Rob respondeu em voz baixa. Depois, levantando a voz, disse: – Tenho um mensagem para o Danny. Diga-lhe que sinto muito, realmente sinto muito. Estive tentando toda a minha vida compensar o que fiz com você, Danny. Por favor, me perdoe. Eu passo no cemitério sempre que visito a cidade. Ele fica bem na frente da escola de St. Lucy, onde estudamos. Gostaria que não tivesse acontecido nada. Eu me puno todos os dias pelo que aconteceu.

– Danny sabe que foi sem querer. Ele quer agradecer por todos os seus pensamentos amorosos e pelo trabalho que fez em seu nome. Ele está dizendo para você deixar a culpa de lado. Ele quer que você viva plenamente. Quer que você seja feliz.

Depois disso, ficamos sabendo que Rob e Danny haviam sido vizinhos e amigos. Certo dia, Rob sugeriu que brincassem de índios e caubóis, e pegou a arma do avô. Enquanto brincavam, a arma disparou acidentalmente e o tiro atingiu o peito de Danny, matando-o. É desnecessário dizer que a vida de Rob nunca mais foi a mesma. Desde os oito anos, ele carregava a culpa da morte de Danny. Ele nunca conseguira se livrar das imagens e sentimentos que ela despertava. Trabalhando como cirurgião, Rob passava 14 horas por dia salvando a vida das pessoas. A culpa podia ter beneficiado os outros, mas chegara o momento de Rob finalmente livrar-se dela.

Como essa história mostra, o terrível fardo da culpa por acontecimentos que não podemos mudar é capaz de destruir vidas e tornar-se um grande peso na nossa jornada espiritual. Quando carregamos o fardo da culpa, ficamos presos ao passado. O passado acabou e não há nada que possamos fazer para trazê-lo de volta. Uma das grandes verdades espirituais que aprendi nesses muitos anos é que nosso poder pessoal existe apenas no aqui e agora.

A melhor maneira de se livrar da culpa é perdoar a si mesmo e aos outros, e lembrar-se que, como seres espirituais, estamos numa jornada eterna. Vivemos aqui para aprender e crescer a partir de todas as nossas experiências.

X

Medo

Assim como o amor é a grande força unificadora, o medo é a grande força divisora. Nossa identidade é desenvolvida e formada pelas pessoas que nos cercam e pelo ambiente em que vivemos. O que acontece é que, à medida que crescemos, deixamos que os julgamentos e crenças dos outros ditem a nossa identidade. Gradualmente, se caímos nessa armadilha e nos esquecemos de quem somos verdadeiramente – da nossa dimensão divina –, sentimos medo.

O medo é uma criação enganosa das nossas mentes. Não é real. Não há dúvida de que existem coisas muito reais a serem temidas no mundo, mas não estou falando do medo que acompanha os instintos básicos de sobrevivência. Refiro-me aos medos emocionais que surgem de impressões e ilusões falsas. Fomos tão condicionados por eventos ameaçadores e pela violência, que passamos a acreditar que o mundo é um lugar assustador. Crescemos com medo de coisas ou de pessoas que achamos que querem nos agredir. Tentamos viver de acordo com os padrões de outras pessoas e nos transformamos em algo que não somos. Essencialmente, não somos fiéis a nós mesmos.

Quando nossas mentes são envolvidas pelo medo, muitas vezes este medo é sentido fisicamente. O corpo físico fica tenso à medida que revivemos mentalmente uma situação assustadora, e o medo cresce cada vez mais. Então, a nossa energia enfraquece. Às vezes, ficamos literalmente paralisados e tememos o futuro.

Quando o medo entra na vida de uma pessoa, ele esconde a luz da alma. Qualquer raio de luz que possa estar tentando aliviar o medo não consegue passar. Quando sucumbimos aos nossos medos, eles inevitavelmente tomam conta das nossas vidas e nos impedem de assumir riscos e de fazer as coisas que desejamos.

Então, como vencer e controlar o medo? Em primeiro lugar, pensando positivamente e usando a lei universal da afinidade: "semelhante atrai semelhante". Sempre que um pensamento negativo ou assustador surge na minha mente, repito a afirmação que faz parte da oração com que geralmente inicio um workshop: "Eu sou saudável, eu sou sagrado, eu sou feliz." Deixo que ela penetre no meu subconsciente. Como já disse muitas vezes, nossos pensamentos criam nosso destino. Substituindo um pensamento negativo por um pensamento positivo, começamos a atrair tranqüilidade e confiança em vez de medo e incerteza. Em segundo lugar, podemos controlar o medo usando de forma construtiva a lei de causa e efeito. Caso queiramos o bem em nossa vida, precisamos ser amorosos e generosos nas situações que encontrarmos. Você não pode esperar a paz e o contentamento se estiver criando miséria para os outros. Em último lugar, se desejamos felicidade e alegria, não podemos buscar a verdade no mundo externo. Quando tivermos consciência de nossa origem divina, saberemos que viemos do amor e sentiremos esse amor dentro de nós.

Lembre-se de que Deus sempre diz sim;
somos nós que dizemos não.

O relato seguinte mostra como os pensamentos causados pelo medo incapacitam as pessoas.

A Cólera Divina

Escolhi a sessão seguinte porque reflete uma situação extremamente comum: quando a ignorância, o preconceito e o medo separam membros da família e geram vergonha, amargura e culpa.

Ao chegarem para a consulta, Joe e Carrie, irmão e irmã, me disseram que não acreditavam em médiuns, mas que se sentiram compelidos a me procurar depois de numerosos sonhos sobre um irmão que já havia morrido. Ficamos sentados durante alguns minutos conversando, até que subitamente tomei consciência de que um jovem falava comigo.

– Há alguém aqui. Ele parece ter uns 20 anos. Seu cabelo é castanho e está ficando ralo. Tenho a impressão de que ele estava preocupado em perdê-lo. Isso faz sentido?

Carrie ficou muda de espanto. Joe respondeu:

– Sim, senhor, faz, sim.

– Ele quer que eu diga que despertou com uma bela cabeleira.

– Ele perdeu todo o cabelo antes de morrer – murmurou Carrie.

Olhei para Joe e disse:

– Joe, seu irmão está feliz de vê-lo aqui. Ele nunca esperou que você viesse, mas quer que saiba que realmente aprecia o fato de você ter vindo e que o ama.

Joe ficou vermelho e começou a chorar.

– Quem é Tommy? – perguntei.

– É o nome dele – respondeu Joe.

– Tommy quer que você saiba que ele está ótimo. Está me mostrando uma Bíblia. Ele fica empurrando a Bíblia para mim. Por quê?

– Bem, a nossa mãe é evangélica e lê a Bíblia o tempo todo – a voz de Carrie se embargou. – Ela disse que Tommy iria para o inferno por causa de seu estilo de vida.

Depois de alguns momentos, Carrie perguntou humildemente:

– Meu irmão está no inferno?

Fiquei sem ter o que dizer, impressionado mais uma vez com a maneira como as pessoas impõem seu medo aos outros. Depois de alguns minutos, transmiti a mensagem do irmão:

– Tommy quer que vocês saibam que ele deve estar no céu, porque nunca viu um lugar tão lindo e cheio de amor. Hum... ele diz que o inferno está na Terra.

Joe concordou.

– Seu irmão está me dizendo que teve muito medo antes de morrer, porque uma parte dele ainda acreditava na sua mãe e nas suas convicções religiosas. Ele estava passando por um grande distúrbio emocional. Tommy morreu de AIDS?

Os dois responderam que sim.

– Ele disse que acreditava na sua mãe quando ela dizia que a sua doença era uma punição divina por ele ser homossexual. Acho que seu irmão não possuía muita auto-estima e autoconfiança.

– Tommy era uma boa pessoa – replicou Carrie. – Mas sempre achou que havia algo de errado com ele, devido ao que nossa mãe pensava.

– A sexualidade não tem nada a ver com a quantidade de amor e generosidade que uma pessoa possui no coração. Por favor, tentem compreender isso. Ser homossexual não é errado. Deus só conhece o amor. Só os humanos estabelecem condições para amar, e não Deus.

Continuei a expressar os pensamentos do seu irmão:

– Tommy está me dizendo que ele se ama agora mais do que nunca.

– Você pode, por favor, dizer a ele que sinto muito por não ter ido visitá-lo? – Joe replicou. – Fiquei afastado dele durante cinco anos. Eu quase o abandonei quando descobri que ele era gay. Tive medo de pegar AIDS também, se ficasse perto dele. Fui estúpido. – Joe começou a chorar.

Experimentei em mim toda a raiva e irritação reprimidas que Joe sentia por si mesmo. Disse-lhe para não ser tão duro com ele mesmo. Enquanto eu falava com Joe, Tommy me interrompeu.

– Joe, você compreende o que ele quer dizer com encruzilhada?

– Sim. É um grupo de voluntários para ajudar as vítimas de AIDS do qual estou participando. Comecei depois da morte de Tommy.

Fiquei surpreso com a mudança de Joe.

– Tommy está sorrindo porque está muito orgulhoso de você. Você tocou o seu coração. Não só demonstrou seu amor por ele como também a sua aceitação e vontade de aprender.

Carrie agarrou a mão de Joe.

– Tommy sabe que eu estive rezando por ele? – perguntou.

– Sim. Ele está dizendo que tentou agradecer-lhe num sonho, mas você não compreendeu. No sonho havia um pássaro.

– É, tem razão. Eu sonhei três noites atrás com uma pomba branca que me seguia por toda parte. Tive a sensação de que poderia ser Tommy – respondeu Carrie.

– Seu irmão está pedindo que você diga à sua mãe que ele está no céu com Wendy – continuei.

– Wendy era uma grande amiga da minha mãe. Que surpresa! – exclamou Carrie.

– Tommy disse que é muito mais fácil compreender a vida agora porque ele vê as coisas de uma maneira mais ampla do que via na Terra.

Deixei que Joe e Carrie soubessem como seu irmão os amava e como estaria mais próximo deles. Antes que eu concluísse a comunicação, Joe pediu:

– Você pode, por favor, dizer a ele que o amamos e que sentimos sua falta?

Escutei a resposta de Tommy:

– Ele sabe e diz que sempre os amará. Ele quer que eu diga que vocês estarão todos juntos novamente algum dia no céu, um lugar onde o amor nunca morre.

Muitos dos espíritos que se comunicaram comigo tinham uma imagem assustadora do processo de morte. No caso de Tommy, seu medo foi causado pela crença de sua mãe num Deus irado e vingativo. Em todas as minhas experiências, nenhum espírito disse que Deus estava esperando do outro lado para puni-lo por seus atos terrenos. Muitas vezes, nas minhas demonstrações, afirmo: "Para saber se devem acreditar em alguma coisa, certifiquem-se de que ela se baseia no amor e no respeito." Há um número excessivo de pessoas infelizes que vivem com medo do inferno, do fogo e da condenação.

Quando o medo tem um efeito paralisante sobre nossas vidas, torna-se impossível realizar nossos sonhos e concretizar nosso potencial. Nesses casos, existem no plano espiritual muitos médicos, professores e profissionais da área da saúde que desejam ajudar os outros a eliminar sua dor. O amor de Deus vem para todas as pessoas deste planeta. Nós só precisamos pedir ajuda, pois existem sempre pessoas prontas a nos encorajar, para que sejamos capazes de superar nossos medos e viver de maneira plena e produtiva.

XI

Perdão

Na minha infância, minha mãe costumava colocar curativos nos meus machucados e retirava-os religiosamente dois dias depois. Nunca compreendi por que ela fazia isso, já que as feridas não estavam completamente curadas. Quando perguntei sobre o assunto, ela respondeu:

– É preciso expor a ferida ao ar para que ela feche mais rápido.

O mesmo acontece com nossas feridas emocionais, que precisam de um pouco de exposição para começar o processo de cura.

Quando alguém diz ou faz algo que nos magoa, tendemos a nos apegar à ferida e a guardar ressentimentos em relação àquela pessoa. Do ponto de vista da energia psíquica, isto é um erro. Carregar uma ferida emocional estimula e alimenta emoções e pensamentos negativos relacionados com essa ferida, e a dor contagia nosso espaço. Como já disse várias vezes, semelhante atrai semelhante. Portanto, atrairemos elementos igualmente negativos. Quanto antes nos permitirmos vivenciar os sentimentos de raiva e frustração, mais cedo poderemos nos desapegar da dor. E com esse desapego vem o verdadeiro passo na direção da cura: o perdão.

O que cria o poder de curar a si mesmo? O que dá a uma pessoa a coragem de perdoar? Dois ingredientes são fundamentais: a compreensão espiritual conquistada através do processo constante de autoconhecimento e a prática persistente do desapego. Pessoas capazes de compaixão aprendem as lições do perdão. Elas percebem que o apego à mágoa faz com que o sofrimento se repita indefinidamente. O perdão traz a cura para a pessoa e ajuda a difundir esta consciência para toda a humanidade.

Eu Perdôo a Senhora

Este fato é um dos mais doces exemplos de perdão que já vi. Ele aconteceu de maneira inesperada, já que o espírito não tinha qualquer parentesco com alguém na sala. Ele serve para mostrar que, quando a necessidade é muito intensa, o mundo espiritual pode abrir-se para nós.

Eu estava conduzindo uma demonstração diante de um grupo de 500 pessoas que haviam esperado numa fila durante duas horas antes da abertura das portas, para conseguir um bom lugar. Durante minha apresentação, um espírito subitamente apareceu no fundo da sala e começou a flutuar pela fileira central. Enquanto se aproximava, vi que era uma linda garotinha, num vestido amarelo, pulando corda. Seu cabelo louro e brilhante estava preso em duas longas tranças. Parou diante de mim e pude perceber que ela tinha uma missão. Eu a descrevi para a platéia e perguntei:

– Alguém reconhece esta garotinha?

Ninguém levantou a mão durante cerca de três minutos. Enviei uma mensagem mental para a garota, pedindo algo mais forte para prosseguir. Ela me respondeu com um pensamento:

– Quero falar com a senhora que me viu brincando. Ela estava indo para casa.

Repeti o que ela dissera, e ainda estava procurando alguém na audiência quando a garotinha enviou um mensagem alta e clara:

– A senhora dirige um carro branco.

Uma mulher se levantou na quarta fileira à minha esquerda. Parecia um pouco insegura. Perguntei:

– A senhora sabe quem é esta garota?

– Sim, acho que sei – replicou. E prosseguiu tristemente: – Sim, eu sei quem é ela. Eu a atropelei há três anos e ela morreu.

Um sussurro de espanto atravessou a audiência. Ninguém esperava ouvir algo assim. A mulher começou a chorar, enquanto continuava sua história:

– Eu estava voltando do trabalho. Fiz uma curva e ela apareceu no meio da rua pulando corda diante do meu carro. Só vi a menina quando já era tarde demais. Não tive tempo de parar.

Passei a travar um diálogo com a mulher, baseado nos pensamentos e impressões que recebia da garotinha:

– Ela está me mostrando um bichinho de pelúcia. É um carneirinho. Está dando a entender que a senhora deu esse bichinho para ela. Isso faz sentido?

– Sim. Eu deixei um carneirinho no seu túmulo. Eu vou visitá-la muitas vezes. Não sei mais o que fazer.

– Esta garotinha está mostrando dois meninos de cinco ou seis anos perto da senhora. Ela diz que um se chama Freddie e que gosta de um jogo com macacos.

– É o meu neto. Oh, meu Deus, Freddie e Bryan, meus netos de seis e sete anos. Eu fiquei tomando conta deles esta tarde, e Freddie ficou o tempo todo brincando com o Barril de Macacos. Incrível! – A senhora estava perplexa.

– A garotinha está olhando para a senhora. Ela diz que a perdoou. Pode entender isso?

A mulher ficou um pouco desconcertada com esta afirmação.

– Ela veio aqui dizer que a perdoa, mas que a senhora precisa perdoar a si mesma. Ela quer que saiba que ela ainda está viva, entendeu?

A mulher sacudiu a cabeça, confusa, e olhou para o chão.

– Ela diz que a senhora precisa ser feliz por causa de Freddie. A garotinha gosta dele e quer que a senhora seja uma boa avó para ele. Ela está dizendo: "Ele quer uma avó feliz."

Subitamente, recebi uma impressão muito forte e não soube ao certo se era da garotinha ou do meu guia.

– Freddie vai ficar bem, assim como o irmão dele. Não se preocupe. A garotinha também está bem. A senhora precisa se cuidar e perdoar a si mesma, e a sua vida vai ficar muito mais fácil. Pode compreender isso?

– Sim. É impressionante. Esta manhã eu fui à igreja e pedi um sinal de que tudo ficaria bem. Eu não sei como agradecer.

– Esta garotinha veio de longe para ajudá-la a perdoar e amar a si mesma. Faça isso, e esta será a melhor forma de me agradecer.

Pude perceber uma mudança ocorrendo naquela mulher. Havia definitivamente um sensação de leveza substituindo o exterior frio e sombrio de alguns minutos atrás. Depois de tanta expressão de perdão e amor, o resto da noite fluiu maravilhosamente. Todos deixaram o prédio sentindo-se imensamente confortados e encorajados.

Acredito que o perdão deve ser um ato gratuito, incondicional e oferecido sem expectativa de resultado. Quando verdadeiramente perdoamos o outro, estamos usando os aspectos mais elevados da alma para expor a ferida e deixar que ela seja aliviada com a plenitude do amor. O perdão liberta o coração e nos leva da posição de vítimas para a de alguém no comando do próprio ser. Ele nos ajuda a realizar nossa verdadeira individualidade.

XII

Amor

O que é o amor? É um instinto natural com que nascemos? É um comportamento que precisamos aprender? É um sentimento capturado no olhar de um amante? Ou é, talvez, algo que teremos que lutar durante várias vidas para conquistar?

Pessoalmente, acredito que o amor é *tudo*. Acredito que ele seja a luz da Força Divina da qual fazemos parte. Quanto mais clara é a nossa luz, mais forte é a consciência desta parte da nossa natureza. Nascemos com este senso da nossa luz e podemos aumentá-la ou escondê-la de nós mesmos e do resto do mundo. Alguns perdem a luz de vista e passam o resto da vida buscando substitutos pobres para o amor. Drogas, sexo e violência são alguns deles.

Quando começamos a reconhecer a luz do amor dentro de nós, é mais fácil vê-la dentro dos outros. Quando duas pessoas estão "apaixonadas", elas vêem essa luz uma na outra. O mundo externo diminui de importância, porque estão no seu mundo particular do amor e sentem o esplendor e a felicidade que o amor oferece.

Quando você começa a viver a partir da luz interior da sua alma – o centro mais profundo do amor –, realmente passa a viver como um ser espiritual. Tal como uma pessoa apaixonada, você experimenta um relacionamento com seu próprio coração. Sempre que temos um pensamento generoso, dizemos uma palavra gentil ou somos úteis a alguém, estamos vivendo o princípio divino do amor, e o centro amoroso se expande. Começamos a ver o mundo com olhos amorosos e sentimos beleza e alegria em todas as coisas. Em essência, experimentamos o paraíso na Terra.

Foi difícil descobrir entre as minhas muitas sessões as que lidavam com o amor. Como poderia limitar o amor a um tipo específico? Pois o amor não tem limitações, e nenhum amor é mais importante do que outro. Seria o amor da mãe pelo filho, do marido pela esposa, ou até mesmo o amor de um bicho de estimação pelo seu dono? A escolha era difícil.

As sessões que selecionei revelaram atos de amor vividos por pessoas comuns. Cada um mostra o amor no seu nível mais elevado – a disposição de sacrificar-se ou de dar a própria vida pelo outro –, um amor que tem o poder de curar ou transformar a pessoa a quem se dedica, caso ela possa aceitá-lo. Espero que, ao lê-las, a sua luz seja enriquecida. À medida que cada um de nós alimenta o amor em nossas vidas, somos capazes de transmiti-lo para as vidas que tocamos.

Um Anjo Salvou Minha Vida

Ninguém pode fazer um filme ou escrever um romance mais dramático ou comovente do que uma vida humana comum. Ela percorre tantos caminhos sinuosos e envolve uma tal profundidade e complexidade de emoções, que fica difícil registrar. A história seguinte demonstra isso perfeitamente; ela apresenta a pureza do amor e o respeito pela vida. Neste caso, a morte uniu duas pessoas que tinham sido praticamente estranhas a vida toda.

Aconteceu numa sessão que conduzi em Los Angeles para um simpático grupo de oito. Geralmente, quando faço uma sessão para várias pessoas, há uma leitura particular que se destaca. Acho que esta leitura especial é o motivo principal do encontro. Muitas vezes, um espírito tem uma necessidade tão grande de transmitir uma mensagem para um ser vivo, que se esforça ao máximo para criar uma situação em que possa dar-se a conhecer.

Depois de fazer leituras para quatro das oito pessoas presentes, estava pronto para uma pausa. Contudo, senti-me compelido a completar mais uma leitura. Olhei para um jovem que estava sentado no extremo do sofá. Seu nome era Andrew. Tinha cerca de 22 anos, seu cabelo era castanho-claro e estava vestindo uma camisa xadrez. Parecia muito silencioso e senti que não viera à sessão por vontade própria. Mais tarde fiquei sabendo que meu palpite estava certo: Andrew estava presente devido à insistência de um amigo.

Quando me aproximei, Andrew deixou claro que queria falar com a avó que o criara. Concentrei-me intensamente, mas fui incapaz de receber qualquer vibração da sua avó. Em vez disso, chegou alguém inesperado.

– Você sabe alguma coisa sobre Chicago? – perguntei.

– Sim, eu nasci e morei lá quando era muito jovem.

– Hum... Você estudou lá?

– Sim, por pouco tempo. Por quê? – perguntou Andrew.

– Estou recebendo a impressão de uma escola de Chicago e vejo um garoto. Quem é Ziggy? É um nome muito estranho, mas é o que estou ouvindo. Você compreende?

– Ziggy? Eu não conheço nenhum Ziggy – respondeu Andrew.

– Agora, não. Em Chicago, há muito tempo – disse eu.

– Não, acho que não.

Andrew hesitou durante um momento. Eu quase podia ouvir seus neurônios latejando enquanto ele tentava recordar uma pessoa chamada Ziggy. Depois de alguns minutos, como ele ainda não fazia idéia, retomei a leitura.

– Espere um minuto! – gritou Andrew, me interrompendo no meio de uma frase. – Eu conhecia alguém... é, era o Ziggs, que nós chamávamos de Ziggy por causa de uma música que tocava na época. Fomos amigos quando garotos. Tinha dois outros caras: um era Mike Barras e o outro... não consigo me lembrar do nome.

– Wyland? – interrompi, com um pensamento recém-recebido.

Andrew ficou pálido e a resposta "sim" caiu dos seus lábios. Seus olhos se arregalaram:

– Como você sabia disso?

– Há um homem na sua frente que diz que conheceu você naquela época. Ele diz que conheceu você, Ziggy e Wyland.

Andrew ficou visivelmente abalado com minha observação. Sacudiu a cabeça, sem acreditar:

– Quem é? Quem é esse sujeito? Eu o conheço?

Enviei uma mensagem mental para o espírito, pedindo que ele fornecesse mais alguns detalhes identificadores. Depois de alguns segundos, recebi alguns pensamentos e os transmiti para Andrew:

– O homem que está aqui me dá a impressão de ser algum tipo de anjo da guarda seu. Ele está preocupado com seu bem-estar. Está me mostrando as mãos; vejo calos. Era um trabalhador manual, porque agora está me mostrando ferramentas. Ele diz que você o conhece pelo nome de Shorty.

Andrew, mais uma vez, se esforçou para recordar o nome.

Continuei com as impressões que estava recebendo:

– Este homem, Shorty, fez a passagem devido a um problema cardíaco. Mas ele também está me mostrando fumaça. Como um incêndio.

Andrew soltou um berro. Aparentemente, eu tinha dito a palavra secreta!

– Oh, meu Deus! – Os olhos de Andrew se encheram de lágrimas. – Não acredito. Como ele... Shorty? Shorty do colégio! – ele gritou.

– Sim, aquele colégio de Chicago.

Andrew teve um sobressalto, escondeu o rosto com as mãos e começou a chorar.

Todos ao seu redor tentaram consolá-lo, mas ele continuou perturbado por mais cinco minutos. Quando se recompôs, levantou a cabeça e começou a falar:

– Shorty era o zelador da minha escola primária. Certo dia, houve uma explosão na caldeira, e Ziggy, Wyland e eu ficamos presos no porão. Tudo estava pegando fogo. Gritávamos feito loucos porque achávamos que íamos morrer. Então, olhamos para cima e vimos Shorty vindo pela fumaça. Ele nos tirou de lá! Se não fosse por Shorty, eu não estaria aqui agora. Aquele homem salvou a minha vida!

Um "uau!" coletivo soou na sala inteira.

– Ele arriscou sua vida por mim! Devo tudo a ele. Obrigado, Shorty. Amo você, cara – exclamou Andrew, enquanto olhava para cima.

Então, ele se voltou para mim:

– Mas por que ele está aqui?

Tive que dar uma pequena explicação sobre o mundo espiritual.

– Quando estava na Terra, Shorty teve uma vida muito semelhante à que leva atualmente. Ele está aqui para protegê-lo e para ajudá-lo a não cometer os mesmos erros que ele, porque se preocupa com seu bem-estar. Afirma que uma das coisas positivas que fez na vida foi salvar você e seus amigos; ele deseja que esse ato de generosidade continue de algum modo. Por isso, ele ficou por perto para protegê-lo.

Ele está me dizendo que estava com você em Springfield. Você compreende Springfield? – perguntei.

Andrew levantou-se num salto.

– Sim... entendo. Entendo agora, pode acreditar!

Escutei, enquanto Shorty me contava algumas coisas incríveis sobre a vida de Andrew. Mas as informações que ele me passou teriam constrangido o jovem diante do grupo.

– Gostaria de falar com você no final do encontro para passar as últimas informações que Shorty está transmitindo. É muito pessoal.

Mais tarde, Andrew e eu nos sentamos em outra sala da casa e terminei de transmitir a mensagem de Shorty:

– Shorty está muito preocupado com você. Ele falou sobre drogas, me disse que você estava na penitenciária de Springfield, que era uma situação que poderia ter sido evitada.

– É, eu estava vendendo drogas e fui pego – admitiu Andrew.

– Seu amigo Shorty veio aqui esta noite para ajudá-lo. Ele disse que você precisa procurar ajuda e que só você pode se ajudar.

– Merda! Como é que ele sabe disso? Ninguém sabe disso!

– Ele disse que você precisa parar ou vai ser o seu fim. Ele quer que você escute isso muito bem! – falei com firmeza.

Então, olhei Andrew nos olhos:

– Você compreende?

Andrew começou a chorar como uma criança. Envolvi seus ombros com um braço e discutimos juntos o seu problema.

Eu não sei se foram as informações comprovadoras ou a preocupação amorosa do seu anjo da guarda, Shorty, mas aquela noite mudou a vida de Andrew para sempre. Ele decidiu que assumiria a responsabilidade pela sua vida e que procuraria o aconselhamento e reabilitação necessários para livrar-se do vício. Juntos, agradecemos a Shorty por voltar e salvar Andrew mais uma vez da porta da morte.

Essa sessão aconteceu há cinco anos. Atualmente, Andrew dá palestras para grupos nos Narcóticos Anônimos. Ele ajudou a salvar a vida de muitos outros e tornou-se um anjo vivo aqui na Terra.

Você Deu a Sua Vida para que Eu Pudesse Viver

Há alguns anos, concordei em aparecer num show de televisão chamado *Paranormal Borderline* (Fronteira Paranormal). Os produtores analisaram centenas de cartas solicitando leituras e finalmente selecionaram a que consideraram mais digna de desenvolvimento. Foi assim que Tom e Michelle Okins chegaram à minha sala de estar, junto com um bando de técnicos para instalar o equipamento.

Tom me contou que havia perdido sua mãe aos cinco anos de idade. Desde então, estivera isolado da sua família e aprisionado numa longa luta contra drogas e álcool. Realizou várias tentivas fracassadas de suicídio. Aos 30 anos, Tom achava que estava faltando uma parte fundamental da sua vida e que eu era a última esperança possível de recuperá-la.

Finalmente, a iluminação e o som foram preparados, e as câmeras estavam prontas para filmar. Orientei o casal a se concentrar em mim, enquanto eu relaxava e abria minha energia ao mundo espiritual. Logo os dois mundos se fundiram e os pensamentos de um espírito começaram a penetrar na minha mente.

– Há uma senhora aqui que é muito expansiva. Ela não quer deixar ninguém ficar no seu caminho. É muito independente e, em alguns aspectos, Tom, você parece com ela; quero dizer, em termos de personalidade.

Pude perceber que Tom estava atento a tudo o que eu dizia. Ele esperava que eu pudesse revelar alguma coisa, qualquer coisa, que confirmasse que estava falando com sua mãe. Prossegui:

– Você sabe se sua mãe tinha ligações com Oklahoma? – perguntei.

– Sim, foi de lá que ela veio. Todos nós vivíamos lá. – Os olhos de Tom se arregalaram, cheios de expectativa.

– Esta senhora diante de mim está falando sobre o seu relógio, Michelle. Ela está me dizendo que ele quebrou; está falando algo sobre três da tarde.

– Oh, meu Deus! Sim, está certo! Hoje mesmo no hotel. O meu relógio parou por volta das três horas. Olhe!

Michelle mostrou o relógio quebrado no seu pulso. Ele marcava três e quinze.

O casal se entreolhou e apertaram as mãos um do outro.

Fui bastante cuidadoso com a mensagem prestes a ser revelada. Eu sabia que Tom e Michelle se preparavam para testemunhar a realização de um sonho.

– Tom, acho que a senhora junto de você é a sua mãe. Ela está muito feliz em falar com você.

Tom inclinou a cabeça, agradecido.

– Ela está tão feliz de estar aqui que mal consegue se conter. Michelle, ela quer agradecer a você por tomar conta do seu filho. Ela está dizendo que você o salvou e que está em dívida com você.

Então me voltei para Tom e perguntei:

– Quem trabalha num banco?

– Eu trabalho – declarou Michelle.

– Esta senhora está me dizendo que você não vai ficar lá por muito mais tempo.

– Isso é tão engraçado – respondeu Michelle. – Eu estava pensando em conseguir um emprego diferente. Quero ser professora.

– Bem, de acordo com esta senhora, você vai conseguir – afirmei. – Esta senhora me mostra um violão e está cantando. Ela está dizendo que adora cantar. Você compreende isso, Tom?

– Sim, senhor, compreendo. – Subitamente, ele começou a chorar e disse: – De fato, minha mãe costumava tocar violão.

Então, ele tirou um retrato do bolso e mostrou-me uma foto da sua mãe diante de uma lareira, tocando violão. Ficamos todos olhando para a foto.

A essa altura, a sala inteira estava em silêncio. Quando olhei ao meu redor, pude ver faces banhadas de lágrimas. Obviamente, os técnicos nunca haviam visto ou ouvido algo assim.

Mas, quando pensei que havíamos alcançado o ápice da nossa montanha-russa emocional, o espírito revelou uma nova informação.

– Sua mãe está me mostrando uma estrada do interior. Há milharais dos dois lados da estrada. Ela está dirigindo um carro velho e usando um grande chapéu de palha. Está cantando junto com o rádio.

A essa altura, Tom chorava abertamente.

– É muito estranho, mas fico vendo caixas de correio. Sabe, do tipo que fica em postes junto da estrada.

Tom começou a soluçar e, entre os soluços, disse:

– Sim senhor, está certo. Ela ia pegar a correspondência da tarde.

Subitamente, fui tomado por uma imagem intensa, acompanhada de forte ruído.

– Sua mãe está no carro cantando, enquanto dirige pela estrada. Ela olha para um garotinho no assento dianteiro, ao lado dela. Escuto um avião; é um tipo de fumigador de colheitas. O som fica mais alto. A sua mãe pára o carro. Subitamente, o avião perde o controle e cai exatamente sobre o carro. Ela empurra o garotinho para o chão na hora exata, porque o avião arranca o teto do carro. Sua mãe morre instantaneamente. Mas o garoto ao lado dela sobrevive.

Então, a visão se desfez.

Depois de alguns instantes, Tom levantou os olhos para mim e disse, lentamente:

– Aquele garoto era eu!

Olhei para ele, compreendendo o que havia dito. Enquanto retomava consciência da sala, senti-me esgotado, como se houvesse sido transportado de volta no tempo e no espaço. Não escutei o diretor gritando: "Corta!"

Continuei a receber mensagens para aquele casal encantador.

– Sua mãe está dizendo que o ama muito e que, se fosse necessário, faria tudo de novo. Ela quer que você saiba que seu amor nunca terminou. Está dizendo que você precisa perceber que ela está sempre com você e sempre estará.

A mãe prosseguiu.

– Ela está me dizendo que não deve deixar que os outros se aproveitem de você. Você tem uma ascendência familiar muito forte.

Então, ela me disse que o casal iria esperar uma garotinha. Mais tarde, Tom e Michelle me contaram que estavam planejando ter filhos e que dariam à sua filha o nome da mãe de Tom.

A próxima leitura aconteceu durante uma conferência que reuniu cerca de 500 participantes. Essas conferências são oportunidades maravilhosas para compartilhar meu dom com pessoas que nunca o testemunharam.

Aquela manhã foi especialmente feliz: pude trazer um espírito que desejava retomar um amor que tinha começado havia 30 anos.

Enquanto eu olhava para a multidão, fui subitamente levado a uma mulher de cabelos vermelhos sentada no fundo do auditório. Ao lado dela estava um espírito feminino com belos olhos azuis. O espírito se esforçava para chamar minha atenção. Assim, eu disse à mulher:

– Gostaria de ir até você. Estou sendo levado por uma senhora que está ao seu lado.

A mulher se levantou e olhou ao redor, espantada.

– Ela tem belos olhos azuis e cabelos castanhos – eu disse.

– Será a minha avó? Ela tinha essa aparência quando era mais nova – a mulher retrucou.

– Não – repliquei. – Não é este o pensamento que estou recebendo. Esta senhora a conheceu quando você era mais jovem.

Agora a mulher parecia surpresa.

– Ela está me dizendo que vocês eram muito próximas e que a ama. Ela quer que eu diga que ela cresceu com você e que sempre será sua amiga.

Novamente, a mulher não conseguiu pensar em ninguém.

– Quem é Emma? – perguntei.

– Sou eu – disse ela.

– Esta mulher está me mostrando bonecas e uma casa de bonecas. Você entende isto?

Sem hesitar, Emma respondeu:

– Não, sinto muito. Tem certeza de que sou a pessoa certa?

Concentrei-me nos pensamentos do espírito e pedi que enviasse informações adicionais para identificação.

– Esta mulher está me dizendo que você adorava pentear o cabelo dela. Está dizendo que você queria ter um cabelo como o dela.

Emma começava a reconhecer algo do que eu dizia. Parecia uma lembrança distante, mas lentamente as memórias estavam voltando.

– Acho que sei quem é – murmurou.

– Esta mulher está falando sobre a operação – continuei.

Emma soltou um grito agudo e começou a soluçar.

– Patty? – perguntou.

– Ela não está dando seu nome no momento, mas está me dizendo que você pode lembrar-se de passear com ela num caminhão de sorvetes.

– Sim, é Patty. Seu pai dirigia um furgão da Good Humor e costumava nos dar uma carona depois do jantar. Gostávamos de tocar a sineta do furgão, uma de cada vez. Oh, meu Deus, Patty. Eu te amo. Oh, Patty, obrigada. Como posso agradecer?

Os pensamentos de Patty continuaram a ser transmitidos para mim.

– Ela também ama você e sempre amará. Está me dizendo que você é uma parte dela e que sempre será.

Pensei que Patty estava querendo dizer que sempre estaria ao lado da amiga. Não percebi que havia algo mais naquilo que ela me contava.

– Sim, está certo. Se não fosse por Patty, talvez eu não estivesse aqui agora.

– Por quê? – perguntei.

Chorando, Emma começou a contar sua história:

– Quando éramos crianças, tive uma rara doença renal e precisava de um transplante de rim para sobreviver. Devido à nossa compatibilidade e idade, Patty foi a doadora perfeita. Ela decidiu doar-me seu rim porque acabara de saber que tinha leucemia. Dizia que não ia precisar do seu rim no lugar para onde estava indo e que era melhor eu cuidar dele, ou ela voltaria para pegá-lo de volta.

Ninguém na sala estava pronto para esta informação. Subitamente, o silêncio mortal foi quebrado por uma salva de palmas. As pessoas aplaudiam o grande amor de uma amiguinha que dera parte de si mesma para que sua melhor amiga pudesse viver.

Depois disso, tive que interromper as leituras naquele dia. Fiquei emocionado demais – assim como a audiência – com o profundo ato de amor de Patty.

São inúmeras as histórias que demonstram que o amor tem um alcance tão amplo que transcende a morte. O amor é a força mais poderosa do universo. Quando dado integralmente, unifica e constrói, defende e protege. É uma energia concentrada que não tem limites. O verdadeiro amor nunca é ciumento ou possessivo, nem estabelece condições. Acho que experimentamos muitas vidas para aprendermos sobre o amor e para vê-lo manifestar-se de diferentes maneiras e em diferentes circunstâncias. De que outro modo poderíamos apreciar as muitas facetas do nosso ser?

XIII

Como Lembrar-se do Verdadeiro Eu

Estamos no início do século XXI, uma época de incríveis descobertas. Nunca antes os seres humanos estiveram tão conectados uns aos outros, mas nunca pareceram tão sozinhos. Para onde quer que olhemos, vemos pessoas insatisfeitas e infelizes. Por quê? Acho que isso se deve ao sistema de valores da nossa sociedade, que se baseia em ilusões e na falsidade. Fomos ensinados a venerar a busca do dinheiro e a acreditar que riqueza é sinônimo de felicidade. Ao honrar os deuses falsos do poder e do dinheiro, a sociedade constantemente valoriza aspectos inadequados da existência.

Entregamos nosso poder aos outros e, quando eles nos frustram, nos sentimos vitimados. No momento em que nos declaramos "vítimas", ficamos aprisionados numa vibração de revanche. Quando vivemos com medo, raiva e ressentimento, atraímos situações que criam ainda mais medo, raiva e ressentimento. Quanto mais envolvidos ficamos na consciência do mundo exterior, mais nos afastamos do caminho do espírito.

Existe uma tremenda carência espiritual no nosso mundo. É uma fome que não está sendo satisfeita. Idealmente, a religião deveria ser o portal para nossa espiritualidade, mas muitas vezes isso não acontece. É preciso mais do que ir à igreja, rezar, cantar, pregar e dar dinheiro aos pobres para desenvolver a espiritualidade. É necessário ter uma compreensão das verdades espirituais e colocá-las em ação nas nossas vidas cotidianas. Infelizmente, às vezes as verdades ensinadas pela religião são distorcidas pela interpretação pessoal, e o medo de Deus substitui o amor a Deus. Resta a cada um de nós separar a verdade do dogma, o joio do trigo.

As pessoas querem felicidade, amor e alegria, e buscam esses valores no mundo exterior. Não percebem que, embora estejamos vivendo num mundo físico e tenhamos sensações físicas, existe algo mais real e poderoso que fica dentro de nós.

Não estamos aqui para sermos escravizados pelas regras de uma sociedade envolvida com os aspectos negativos e inferiores da personalidade terrena. Temos que parar de viver uma vida baseada na culpa, preocupação e medo. Chegou a hora de voltarmos a conhecer o significado de Deus e de pensarmos em nós mesmos como seres espirituais de luz e amor.

Você é e sempre será uma fagulha do amor. O seu verdadeiro lar é o céu, e você viaja até este mundo para fazer seu dever de casa. A vida na Terra é temporária. Quando você vive cada dia tendo o espírito em mente, está vivendo uma vida verdadeira.

Quando a sua personalidade espiritual é fortalecida, você começa a experimentar a plenitude da vida.

Se queremos aprender com os exemplos do mundo espiritual, precisamos começar a assumir a responsabilidade por cada aspecto das nossas vidas. Somos os únicos capazes de mudar nossa maneira de pensar e agir. Quando tomamos decisões que são positivas e contribuem para o nosso crescimento, mesmo quando essas decisões parecem difíceis, nos tornamos participantes ativos de nossas vidas. Para despertar e reconectar-nos com a essência espiritual, precisamos exercitar nossos músculos espirituais, e a maneira mais eficiente é através da meditação.

Meditações

As pessoas parecem acreditar que, para ser espiritual, é preciso estar fora de si ou num estado alterado. Isto não é verdade.

Concentrar sua energia no espírito significa manter-se no presente, no seu corpo, e controlar seu espaço físico. Comparo isto a ser o motorista do seu próprio veículo.

A seguir, descrevo alguns exercícios para ajudar a manter o controle sobre seus pensamentos e emoções. Eles vão ajudar você a limpar e fortalecer a sua aura e a lembrar-se de quem é. Faça a meditação num local onde não será incomodado por distrações externas, como telefones, secretárias eletrônicas, campainhas, etc. A melhor maneira de realizar qualquer meditação é sentar-se numa cadeira confortável, com as costas retas e com as plantas dos pés no chão. Isto ajuda a alinhar os chakras do seu corpo etéreo, aumentando sua receptividade às vibrações superiores.

Ligação com a Terra

Feche os olhos. Tome consciência do seu corpo. Escute o corpo. Esteja consciente de todos os seus movimentos. Agora, concentre-se na respiração, que traz uma nova vida refrescante para os pulmões quando você inspira, e expulsa a energia antiga e estagnada de que você não precisa mais na expiração. Respire fundo várias vezes, usufruindo cada inspiração nova. Depois de alguns minutos respirando fundo, concentre-se no seu corpo. Esteja consciente de cada parte dele. Com os olhos da mente, sinta cada parte do corpo, começando pelos pés, depois as pernas, coxas, nádegas, área pélvica, estômago, peito, costas, mãos, braços, ombros, pescoço e cabeça. Visualize duas cordas amarradas suavemente ao redor das suas canelas. Leve essas cordas até o centro da Terra. Imagine duas grandes pedras no centro da Terra e amarre cada corda a uma pedra.

Em seguida, visualize a energia da Mãe Terra, de cor verde ou marrom, subindo pelas cordas, vindo das pedras do centro da Terra até as suas canelas e fluindo por todo o seu corpo até o centro do seu coração. Você vai sentir sua ligação com a Terra, seu eixo centrado e estabilizado. É importante ter a energia equilibrada. O passo seguinte é trazer para o seu interior a energia cósmica.

Imagine um raio de luz branca e dourada cerca de sete centímetros acima da sua cabeça. Ele representa a luz cósmica. Faça com que esta luz atravesse o topo da sua cabeça e veja-a fluir pela cabeça, pescoço, ombros e peito. Deixe-a viajar até o centro do seu coração. Ali, a luz cósmica se mistura com a energia da Terra, formando uma força estabilizadora nova e mais poderosa. Para terminar, visualize esta energia recém-misturada subindo pela espinha, saindo pelo topo da cabeça e descendo pelos lados do seu corpo como uma fonte transbordante de energia. Visualize a fusão da energia repetidas vezes. Esta é a maneira de transmitir energia nova e recarregada pelos sistemas energéticos do seu corpo. Quando terminar esta meditação, você pode iniciar seu trabalho espiritual de uma maneira mais controlada e atenta.

Proteção

Como vivemos num mundo onde constantemente recebemos os pensamentos e sentimentos dos outros, precisamos nos resguardar das influências negativas que podem invadir nossas vidas diárias. Muito embora seja impossível dissipar inteiramente as energias e formas mentais dos outros, esta técnica será de grande auxílio para limpá-las do seu espaço e da sua consciência.

Comece do mesmo modo que no exercício anterior. Sente-se novamente numa cadeira, com suas costas retas. Execute as técnicas respiratórias segundo as instruções. Realize todo o exercício de ligação com a Terra primeiro, porque isto ajuda a reforçar o campo da aura.

Depois de ter energizado seu campo, quero que você veja ou sinta um pequeno aspirador de pó na palma da sua mão. Agora, concentre-se no espaço ao redor do alto de sua cabeça. Enquanto faz isso, note o que aparece no olho da sua mente. Você vê o rosto de outras pessoas? Sente emoções que não consegue reconhecer ou que não pertencem a você? Pegue seu aspirador e limpe essas imagens e sentimentos. Quando o saco do aspirador estiver cheio, esvazie-o. Crie um novo aspirador para limpar cada ponto do seu campo energético. Limpe a frente, a parte de trás, os lados, o topo e a parte inferior do seu espaço. Crie quantos aspiradores forem necessários. Uma limpeza pode ser suficiente, ou várias talvez sejam necessárias. Continue até sentir-se muito mais leve e feliz.

Agora que removeu as energias dos outros, está na hora de recuperar a sua. Imagine todos os lugares onde esteve nas últimas 24 horas. Veja onde deixou sua energia. Talvez você tenha falado com alguém ao telefone; talvez estivesse no trabalho; talvez tenha deixado sua energia na escola ou numa loja. Veja a situação e as pessoas envolvidas e pegue a energia de volta. Traga-a ao seu espaço. Veja a energia voltando ao seu corpo pelo topo da cabeça e fluindo pela sua espinha. Ela vem como poeira luminosa. Sinta a sua própria energia preenchendo você. É muito bom receber de volta a energia que você deu tão livremente. Quando sentir fortemente que sua energia está de volta, é hora de visualizar um muro de proteção ao seu redor.

Você pode fazer isso de várias maneiras. Pode imaginar um manto da forma e cor que desejar envolvendo você totalmente. Pode visualizar-se dentro de uma caixa de vidro ou de pedra, com telhado de vidro. É mais difícil para energias e pensamentos externos penetrarem nessas paredes. Muitas pessoas preferem se envolver com luz branca, que também é uma grande proteção. Mas certifique-se de que limpou completamente todas as energias estranhas antes de montar o muro de luz e proteção ao seu redor.

Trazendo Sua Luz para Fora

Tomar consciência da sua própria luz é uma necessidade vital e saudável para viver no mundo físico. Muitas vezes, uso esta técnica simples com pessoas que perderam o contato com sua luz interior e acham que a vida não tem mais nada a oferecer. Depois de usar esta técnica durante algum tempo, meus clientes me dizem que suas vidas e atitudes foram alteradas para uma visão mais positiva. É uma bênção compartilhá-la com cada um de vocês.

Comece novamente com os dois exercícios anteriores. Uma vez que você tenha se ligado à Terra e se protegido, a sua mente deve estar muito mais receptiva e consciente.

Imagine-se em um banco de um jardim. Crie este jardim como quiser, com os elementos de beleza que preferir.

No seu jardim há uma árvore ao longe. Um espelho está pendurado nesta árvore. Vá até a árvore e olhe bem fundo no espelho. Entre no seu reflexo. Ao unir-se ao seu próprio reflexo, veja como está no momento presente. Veja seu rosto e seu corpo. Observe o máximo de detalhes que puder. Enquanto olha para o seu reflexo, focalize todas as expectativas que os outros colocaram sobre você. Veja as áreas da sua vida em que você precisa de perdão. Veja as pessoas que precisa perdoar. Traga para o reflexo todas as situações que lhe causam culpa.

Agora, traga o amor. Veja essas pessoas ou situações e coloque nelas seu amor. Veja a luz rosada do amor surgindo do centro do seu coração e tocando tudo e todos. Deixe o amor tocar também todas as partes do seu ser. O amor é você. Somos feitos de amor.

Agora, afaste-se do espelho e veja-se de pé no jardim. As flores estão maiores e mais brilhantes; os pássaros cantam alegremente ao seu redor. O céu está cheio das cores do coração, e você toma consciência de si como uma entidade amorosa e espiritual capaz de criar a vida que deseja. Olhe para o sol e veja-o como um reflexo seu. Você é a Luz. Agora que percebeu isso, nunca poderá escondê-la novamente, pois ela precisa brilhar e contagiar todos os que você encontrar.

XIV

Guiando Nossos Filhos

Uma das maneiras mais importantes de transformar nosso mundo é estimulando o crescimento e o desenvolvimento de nossas crianças. Criar filhos no mundo tóxico da atualidade é extremamente difícil. As crianças são expostas à violência, às drogas e ao sexo como nunca. Os valores parecem ter sido destruídos. Mas também é verdade que vivemos num período de incrível potencial de iluminação e expansão. As crianças podem desenvolver suas capacidades mentais muito mais rápido do que antes. Quando as pessoas decidem ter filhos, assumem a responsabilidade não só de sustentá-los num nível físico como também de desenvolver seu corpo espiritual e emocional.

Portanto, os pais precisam perceber que são responsáveis pelos sentimentos e pensamentos que transmitem, porque essa energia passa diretamente para a psique da criança e é levada como bagagem para a vida adulta. Devido à forte ligação mútua, precisamos começar a ensinar aos nossos filhos dignidade, valores e prioridades, através de nosso exemplo.

A seguir, dou algumas diretrizes sobre a formação de uma criança numa atmosfera espiritualmente enriquecedora.

1. Encorajem e alimentem a auto-estima

Nunca será excessivo insistir na importância de alimentar a auto-estima. Em quase todas as leituras que realizei envolvendo suicídio ou vício em drogas ou álcool, as causas estão na falta de identidade e amor-próprio das pessoas. Quais são os pontos de referência que as crianças têm, a não ser os atos e palavras dos adultos ao seu redor? Como é que as nossas crianças vão saber quem são? O que dizemos a elas, pensamos sobre elas e fazemos com elas? São mensagens amorosas ou críticas? Nós validamos seus instintos ou as calamos? Se as crianças não têm compreensão e empatia em casa, elas irão certamente procurá-las com alguém fora da família. Quando começarem a se identificar com influências externas e ilusórias, irão crescer com atitudes e valores materialistas. A pressão externa vai forçá-las a se comportarem de determinadas maneiras para que se sintam aceitas.

Sugiro aos pais e parentes que dêem o máximo de reforço positivo para as crianças. Precisamos demonstrar amor em todas as etapas de seu crescimento. Elogios, compreensão, risos e amor fazem com que uma criança cresça para tornar-se um adulto feliz e competente. Que todos nós sejamos uma fonte de verdadeiro esclarecimento e orientação para a nova geração.

2. Conheçam seus filhos

Façam o máximo que puderem para se envolverem na vida de seus filhos. Reservem algum tempo da semana para fazer algo especial com eles. Fiquem atentos o bastante para serem capazes de saber se um filho está tendo problemas. Prestem atenção, confiem nos seus instintos e, acima de tudo, ouçam seus filhos e dialoguem com eles. Ajudem a resolver suas dificuldades. Isto não só estimulará a intimidade como reforçará a confiança.

3. Sejam os melhores amigos de seus filhos

O pai e a mãe devem conhecer seus filhos bem o bastante para serem seus melhores amigos. Estejam disponíveis para eles. Usem uma linguagem e conceitos que eles entendam, mantendo-se sempre conscientes da sua posição de pais. Ajudem seus filhos a refletir para fazerem escolhas saudáveis.

4. Ensinem o respeito próprio e a responsabilidade

Isto acompanha de perto a auto-estima e a conquista da própria identidade. As crianças precisam aprender a ser responsáveis, e a melhor maneira de ensinar é através do próprio exemplo. Assumam a responsabilidade por suas ações em vez de culpar os outros quando as coisas dão errado.

Crianças precisam ser suavemente formadas nas maneiras apropriadas e saudáveis de tratar a si mesmas e os outros. Ajudem seus filhos a tomar decisões, refletindo com eles sobre alternativas e resultados. Para ensinar seus filhos a serem responsáveis, primeiro dêem a eles pequenas tarefas. Quando concluídas, elogiem seu esforço e seus sucessos, e examinem os fracassos de maneira positiva, para que possam aprender com eles, aceitando suas próprias limitações e as dos outros.

5. Tenham a mente aberta e estejam conscientes da espiritualidade

A vida espiritual das crianças costuma ser deixada de lado ou negada. Eduquem as crianças na noção de que são seres espirituais, ajudando-as a tomar consciência dessa dimensão. Caso elas relatem "visões", ou sonhos, ou visitas de amigos "invisíveis", por favor, não digam "É só um sonho", ignorando o acontecido. Peçam-lhes que descrevam seus sonhos, mesmo que não os compreendam. As crianças são extremamente sensitivas e clarividentes. Acima de tudo, nunca invalidem ou desencorajem esse tipo de comportamento.

6. Lembrem-se de que as crianças estão olhando vocês

Repito: a primeira e principal maneira de ensinar alguém é pelo exemplo. Tratem-se com amor e respeito se esperam que seus filhos façam o mesmo. Vocês são o espelho em que as crianças vêem refletido o mundo externo e devem demonstrar as qualidades e princípios que gostariam que as norteassem. É confuso para os filhos quando os pais dizem uma coisa e agem de maneira diferente. Depois de algum tempo, as crianças perdem a confiança neles.

7. Ensinem seus filhos a serem autoconfiantes

Uma das primeiras coisas que as crianças devem aprender é que elas vivem num mundo imperfeito. Ensinem a seus filhos que tudo o que acontece tem uma finalidade. Encorajem as crianças a usarem seu livre-arbítrio para mudar o que não gostam nelas mesmas e no que as cerca, para que o mundo possa tornar-se um lugar melhor de se viver. Dêem a elas as chaves espirituais para uma vida feliz e plena.

8. Celebrem a individualidade

Desde o início, façam seus filhos acreditarem que cada um deles é único e diferente de todos os seres deste planeta. Isto não só os distingue de todas as outras pessoas como também os faz ver o mundo de uma maneira própria e exclusiva. Vocês serão capazes de ajudar a influenciar alguns aspectos do comportamento deles, mas não poderão moldá-los e formá-los exatamente da maneira que desejariam. Nunca os comparem com os outros, pois isso lhes dará a falsa noção de que as pessoas podem ser iguais.

No todo, tratem seus filhos como tratariam uma flor ou uma planta. A semente da "personalidade" está na criança, mas, como qualquer flor ou planta, precisa ser fertilizada, regada, protegida e cuidada. Vejam a flor desabrochar e reconheçam sua beleza. Celebrem a energia da Força Divina que todos nós compartilhamos. Com um pouco de paciência, alegria e estímulo, vejam a sua criança brilhar.

XV

CHAVES PARA A VIDA MAIOR

Nós possuímos todos os tesouros espirituais necessários para ter uma vida produtiva, plena e feliz, e esses ideais também podem nos ajudar a alcançar um estado de consciência mais elevado. Quando despertarmos para eles, nunca mais sentiremos falta de nada, já que Deus é a plenitude personificada. Há um suprimento ilimitado de amor e riquezas armazenado no Céu que pode ser trazido para a Terra.

Somos abençoados todos os dias com a presença do espírito em tudo o que encontramos. Estou me referindo ao espírito interior que está constantemente preenchendo todas as necessidades e desejos. A maneira como entramos em contato com esse espírito é escolha de cada pessoa. O que colocamos em movimento volta para nós. Lembre-se de que estamos sempre nos movendo através de um mar invisível de pensamentos. Deus sempre nos dará o que pedimos de acordo com nossos pensamentos.

Se nossos pensamentos estão ligados à pobreza e à doença, atrairemos essas condições para nós. Se elevarmos nossos pensamentos a um nível de freqüência superior, recolheremos harmonia e abundância.

É preciso pensar da maneira mais positiva possível para que possamos ajudar a nós mesmos e aos que nos cercam, sejam eles entes queridos ou estranhos.

Vou lhes dar algumas chaves capazes de ajudar a elevar seus pensamentos. Espero que vocês aprendam a usá-las e a torná-las uma parte integral da sua vida, para abrir a caixa do seu tesouro interior.

PACIÊNCIA

A paciência é um recurso raro nos dias de hoje. Todo mundo parece querer tudo no exato momento! Mas nós perdemos o barco espiritual quando forçamos para que as coisas aconteçam. Tudo chega até nós na hora certa. Isso não significa que devemos nos tornar apáticos ou ignorar as oportunidades quando elas aparecem. Pelo contrário! Quando é paciente, você realmente assume o controle do seu ambiente. Você decide a hora apropriada de agir, e o momento de esperar. A paciência ensina o autocontrole através da conservação da energia. Com esta energia, você tem o poder de tomar decisões que são para seu próprio bem.

Quando você age ou reage com impaciência, pode prejudicar uma situação ou um processo. Às vezes, o melhor é não fazer nada e deixar a situação amadurecer e se desenvolver de uma maneira natural. À medida que aprende a ser mais paciente, irá sentir menos estresse, o medo da vida vai diminuir e você passará a ser mais livre e consciente para tomar suas decisões.

Sabedoria

A sabedoria consiste na percepção de que a consciência divina está dentro de você, e que todo o amor, luz e poder do infinito se encontram à sua disposição. A sabedoria não vem dos livros, mas das experiências de vidas acumuladas. Cada experiência é embebida na consciência da sua alma para ser aperfeiçoada através das suas vidas na Terra. Pode parecer uma ironia, mas, quanto mais sábio você se torna, mais percebe como sabe pouco.

Coragem

Para ter coragem, você precisa acreditar em si e no poder que existe dentro de você.

Com confiança e perseverança, podemos ter a coragem de ouvir a voz interior e segui-la. Uma pessoa corajosa está disposta a abrir seu coração aos outros e expor-se às mudanças imprevisíveis da vida.

A coragem nos dá a confiança de que precisamos para seguir nossos corações, independentemente de quaisquer influências externas que pareçam bloquear nosso caminho.

Equilíbrio

Temos a impressão de que o equilíbrio é outra qualidade ausente no ritmo acelerado do mundo atual. Parece muito mais fácil deixar as partes inferiores da nossa natureza dominarem e prevalecerem. Para trazer o equilíbrio às nossas vidas, precisamos harmonizar a personalidade material ou terrena com a personalidade espiritual. A ênfase excessiva em qualquer parte do nosso ser tende a nos enfraquecer, em vez de nos fortalecer. Quando estamos desequilibrados, tendemos a agir a partir do medo, em vez de seguir o amor.

Discernimento

Atualmente é preciso muito discernimento para descobrir a verdade nas coisas. Muitos ficam presos a detalhes e tornam-se incapazes de perceber o todo. Quando você se apressa em criticar e julgar, sem dispor de todos os dados de uma situação, aprende muito pouco. Sugiro que você sempre questione o que está por trás de qualquer pessoa ou situação para certificar-se de que há uma verdade espiritual no núcleo de tudo.

Fé

A fé é a consciência de que sempre recebemos tudo o que desejamos e de que precisamos. A fé é uma crença na natureza invisível do universo. Ela segue de mãos dadas com a confiança. Quando temos fé em nós mesmos e em Deus, sabemos que estamos seguros, que somos amados e que nunca estaremos sozinhos.

Criatividade

A criatividade é a capacidade de formar idéias, sentimentos e expressões capazes de transformar o mundo físico. Ela não se limita a artistas, músicos ou escritores. Todos nós somos criativos e podemos usar essa energia divina em tudo para tornar a vida mais fácil. Sempre que existe um problema nos relacionamentos, na família, na carreira, nas finanças ou em qualquer parte da vida cotidiana, temos a capacidade de resolver a situação através da nossa fagulha criativa. Quando usamos a criatividade, usamos a energia da Força Divina na sua mais elevada manifestação, especialmente quando empregamos a criatividade para o bem maior da humanidade.

Riso e Alegria

Corre-se o risco de confundir espiritualidade com severidade. Mas constato que as pessoas providas de senso de humor têm mais alegria e trazem mais alegria para os outros. Ver o lado melhor e mais leve em todas as coisas ajuda a manter a criança interior viva e feliz. Se sentimos em nós a presença de Deus, é natural que expressemos essa consciência com alegria, risos, entusiasmo e felicidade.

Amor

O amor é o principal componente da vida. Ele unifica tudo e atrai para nós todo o bem. Através do amor, ficamos mais conscientes e sensíveis às necessidades dos seres humanos. Vemos a fagulha divina em cada pessoa. Podemos amá-las, mesmo se acharmos que fizeram algo errado. Estaremos presentes e disponíveis para elas. É assim que demonstramos nosso amor.

O caminho espiritual nem sempre é fácil; ele estará inevitavelmente cheio de desvios ou becos sem saída. Mas, lembre-se, nele você nunca viaja sozinho. Sua família iluminada e os guias do mundo espiritual estão sempre com você, oferecendo segurança e orientação.

Estamos aqui para manifestar o amor divino em tudo o que fazemos. Muitas vezes parecerá mais fácil seguir os desejos da personalidade inferior. Mas resista. Procure a verdade, mesmo quando muitos tentarem encher sua cabeça e seu coração com falsidades. Nunca comprometa seus ideais espirituais, porque isso atrasa o seu progresso. Nunca esqueça que somos todos eternos filhos de Deus.

Acima de tudo, siga seu coração e seja fiel a si mesmo. Lembre-se que você tem a responsabilidade de ser o melhor que puder, e para isso mantenha sua mente e seu coração abertos para os aspectos superiores do seu ser.

Use a consciência espiritual para encorajar e confortar todos os que estão no seu caminho. Quando iluminamos e amamos os outros, mostramos a eles as chaves para que descubram sua própria luz interior e reforçamos ao mesmo tempo a nossa.

Que a sua luz brilhe até os confins da Terra para que todos possam vê-la. Quando o fizer, a sua jornada aqui terá valido a pena. Então, você poderá voltar ao Céu com a certeza de ter feito a sua parte para trazer a energia de Deus para a Terra. Vai saber que fez do mundo um lugar melhor.

Bibliografia

Bendit, L.J. *The Etheric Body of Man: The Bridge of Consciousness*. Wheaton, Ill.: Theosophical Publishing House, 1982.

Besant, Annie. *Man and His Bodies*. Wheaton, Ill.: Theosophical Publishing House, 1912.

Edwards, Harry. *Life in Spirit*. Grã-Bretanha: Harry Edwards Spiritual Healing Sanctuary Trust, 1976.

Goldsmith, Joel S. *Living Between Two Worlds*. Austell, GA.: I-Level Publications, 1974.

Guiley, Rosemary Ellen. *Harper's Encyclopedia of Mystical and Paranormal Experiences*. Nova York: Harper Collins, 1991.

Hall, Manly Palmer. *Reincarnation: The Cycle of Necessity*. Los Angeles: Philosophical Research Society, 1946.

Hampton, Charles. *The Transition Called Death*. Wheaton, Ill.: Theosophical Publishing House, 1982.

Kardec, Allan. *Book on Mediums* [O livro dos médiuns]. Boston: Colby and Rich, 1874.

Lewis, James R. *Encyclopedia of Afterlife Beliefs and Phenomena*. Detroit: Gale Research, 1994.

Montgomery, Ruth. *A World Beyond*. Greenwich, Conn.: Fawcett, 1971.

Perkins, James S. *Through Death to Rebirth*. Wheaton, Ill.: Theosophical Publishing House, 1982.

Riland, George. *The New Steinerbooks Dictionary of the Paranormal*. Nova York: Rudolf Steiner Publications, 1980.

Wambach, Helen. *Life Before Life*. Nova York: Bantam, 1979.

Weiss, Brian L. *Muitas vidas, muitos mestres*. Rio de Janeiro: Salamandra, 1990 / Sextante, 1998.

White Eagle. *Spiritual Unfoldment 3: the Way to Inner Mysteries*. Grã-Bretanha: White Eagle Publishing Trust, 1987.

Whitton, Joel L., e Fisher, Joe. *Life Between Life*. Nova York: Warner, 1986.

Zubkon, Andy, *Treasure of Spiritual Wisdom*. San Diego: Blue Dove, 1996.

CONHEÇA OS CLÁSSICOS DA EDITORA SEXTANTE

1.000 lugares para conhecer antes de morrer, de Patricia Schultz

A História – A Bíblia contada como uma só história do começo ao fim, de The Zondervan Corporation

A última grande lição, de Mitch Albom

Conversando com os espíritos e *Espíritos entre nós*, de James Van Praagh

Desvendando os segredos da linguagem corporal e *Por que os homens fazem sexo e as mulheres fazem amor?*, de Allan e Barbara Pease

Enquanto o amor não vem, de Iyanla Vanzant

Faça o que tem de ser feito, de Bob Nelson

Fora de série – Outliers, de Malcolm Gladwell

Jesus, o maior psicólogo que já existiu, de Mark W. Baker

Mantenha o seu cérebro vivo, de Laurence Katz e Manning Rubin

Mil dias em Veneza, de Marlena de Blasi

Muitas vidas, muitos mestres, de Brian Weiss

Não tenha medo de ser chefe, de Bruce Tulgan

Nunca desista de seus sonhos e *Pais brilhantes, professores fascinantes*, de Augusto Cury

O monge e o executivo, de James C. Hunter

O Poder do Agora, de Eckhart Tolle

O que toda mulher inteligente deve saber, de Steven Carter e Julia Sokol

Os segredos da mente milionária, de T. Harv Ecker

Por que os homens amam as mulheres poderosas?, de Sherry Argov

Salomão, o homem mais rico que já existiu, de Steven K. Scott

Transformando suor em ouro, de Bernardinho

INFORMAÇÕES SOBRE OS PRÓXIMOS LANÇAMENTOS

Para saber mais sobre os títulos e autores
da EDITORA SEXTANTE,
visite o site www.sextante.com.br
ou siga-nos no Twitter @sextante.
Além de informações sobre os próximos lançamentos,
você terá acesso a conteúdos exclusivos e poderá participar de
promoções e sorteios.

Se quiser receber informações por e-mail,
basta cadastrar-se diretamente no nosso site.

Para enviar seus comentários sobre este livro,
escreva para atendimento@esextante.com.br
ou mande uma mensagem para o Twitter @sextante.

Editora Sextante
Rua Voluntários da Pátria, 45 / 1.404 – Botafogo
Rio de Janeiro – RJ – 22270-000 – Brasil
Telefone: (21) 2538-4100 – Fax: (21) 2286-9244
E-mail: atendimento@esextante.com.br